당신 탓이 아니다

당신 탓이 아니다

· 채다은 지음 ·

형사전문 변호사가 전하는,
성범죄 피해자가
알아두어야 하는 법 이야기

그래서 제일 먼저 해 주고 싶은 얘기는
'당신 잘못이 아니다.'

그리고 '겪지 않아도 될 일을 겪은 것에
위로를 전한다.'라는 것이다.
꼭 무슨 잘못을 해야 나쁜 일이 생기는 건 아니다.

좋은땅

_ 심심한 위로의 말씀을 전한다

내가 막 변호사가 되었던 첫해에 정말 많은 사람을 만났다. 오랜
수험생활을 마치고 드디어 사회에 진출하게 되는 설렘으로 가득
했던 시기였다. 많은 분 찾아뵙고 이야기도 잘 나누었고, 술도 곧
잘 마시는 원래부터 명랑·쾌활한 성격이라 사람을 만나는 데 아
무런 거리낌이 없었다. 그러던 차에 변호사가 되었고, 나는 선배
변호사는 물론 나보다 먼저 사회에 진출한 분들과 만남도 곧잘 가
지면서 앞으로 내가 어떤 사람으로 사회생활을 해야 할지 고민이
많았던 것 같다. 그때 나에게 손을 내밀어 준 여러 선배가 있었는
데 대부분은 지금까지 좋은 관계를 유지하며 언제 생각해도 든든
한 선후배 관계를 유지하며 잘 지내고 있다.

학생이었을 때도 그런 일은 없었는데, 변호사가 된 첫해에 나는 두 번인가 선배 두 명으로부터 추행을 당했다. 모두 주취 중의 일이었다. 'NO!라고 얘기해야 합니다.'라는 말은 다 소용이 없었다. 그저 내가 목소리를 높이거나 화를 내어 이 분위기를 엉망으로 만드는 것이 옳은가에 대한 생각이 많았고, 그저 이 자리를 피하고 싶다는 생각으로 가득 차 있었던 거 같다. 다음 날 출근을 해서도 하루 종일 일이 손에 잡히지 않고 기분이 참 나빴다. 그래서 직장 내 선배 변호사에게 나의 감정에 대해 솔직히 말했다. '저는 당시에 강하게 거부를 했었어야 했던 걸까요?' 모두 내 잘못인 것만 같았다. 그때 내 고민을 들은 선배가 말했다. "야, 니가 그렇게 화를 냈으면 그분은 매우 당황했을 거야. 나쁜 의도였겠니? 그냥 니가 열심히 하는 게 보기 좋으니까 술도 마셨겠다 호의가 좀 지나쳤던 것뿐이지." 그 얘기가 잘못된 조언이었다는 건 그때도 알고 있었고 지금도 알고 있다. 그렇지만 난 그냥 넘어가기로 했다. 술 마시고 실수하는 사람은 다시는 술자리에서 안 만나면 된다고 생각하고 말기로 했다. 그렇지만 지금까지도 잊히지 않는, 좋지 않은 기억이다.

그때 참 많은 생각이 들었다. 일단 변호사를 추행하는 사람도 있다는 것이 놀라웠다. 내가 막 사회에 발을 내딛는 초년생이라고는 해도 30대 변호사인데…. 사회적으로 약자로 취급되지 않는 나에게도 이렇게 추행을 하는 사람들이 있구나, 하며 놀랐다. 그 얘기는 얼마나 이러한 추행이 사회에 만연한가, 하는 생각으로 이어졌다. 사회 경험이 없는 학생이나 20대 초반의 어린 청년들, 시급 겨우 받는 아르바이트생, 일용직 근로자 등등 세상에는 쉽게 목소리를 내기 어려운 입장에 놓인 많은 약자들이 있지 않나. 그들에게는 얼마나 쉽게 성추행·성희롱과 같은 일들이 일어나고 있을까. 이런 생각이 들어 가슴이 참 많이 아팠다. 그나마 나는 이겨 낼 수 있었지만, 이겨 내지 못하는 친구들도 훨씬 많다는 걸 알고 있다.

여하튼 내가 이런 일을 겪고 처음 들었던 생각은 '내가 잘못한 것인가.' 하는 죄책감이었다. 피해를 당한 건 나인데 죄책감을 느끼다니 정말 아이러니하고도 울화가 치미는 상황이었다. 이 또한 세대 차이일지 모르겠다. 가끔 성범죄 피해자로 모녀가 함께 상담을 오면 어머니들의 생각과 내 생각이 비슷하고, 딸의 생각은 많이 달라진 걸 느낀다. 그런 걸 보면 요즘은 점점 '내 행실에 문제가 있었나.'라는 식의 자책은 점점 줄어드는 것 같다. 하지만 아직까지도 많은 피해자가 피해를 당했음에도 불구하고 스스로를 자책하고 있을 수 있겠다 싶다. 그래서 제일 먼저 해 주고 싶은 얘기는 '당신 잘못이 아니다.' 그리고 '겪지 않아도 될 일을 겪은 것에 위로를 전한다.'라는 것이다. 꼭 무슨 잘못을 해야 나쁜 일이 생기는 건 아니다.

그래서 이 책을 쓰면서도 짧게나마 위로의 말을 전하며 시작하려 한다. 내가 성범죄 피해자를 위한 책을 쓰려고 한다고 하자, 친한 변호사님께서 나에게 "피의자나 피고인을 위한 책과는 달리 피해자를 위한 책은 법리보다는 위로가 중요할 거 같다."라는 이야기를 하셨다. 그런데 난 피해자에게 감정적인 위로를 하자고 이 책을 쓰는 게 아니다. 위로는 가족이나 친구들로부터 많이 받으면 된다. 나는 이 책을 통해 성범죄 피해자가 정확히 알아야 할 점들에 대해 객관적으로 써 볼 생각이다. 여러분이 이 책을 통해 따뜻하고 다정한 위로의 말을 얻기보다는 냉철하고 현실적인 조언을 얻기를 기대한다.

채다은

○ **형사 사건**

피의자·피고인: 혐의가 인정되어 수사를 받거나 재판을 받는 사람을 말한다. 쉽게 말해 피의자나 피고인은 같은 사람이다. 다만 해당 사건이 수사단계인 경우 피의자라고 부르고, 재판단계로 넘어가면 피고인이라고 부른다.

변호사·변호인: 쉽게 말해 변호사는 직업이나 자격을 의미하고, 형사 사건에서 피의자나 피고인을 변호하는 사람은 변호인이다. 변호사는 변호인이 될 수 있다.

사선변호인: 선임권자가 선임한 변호인이다. 변호사 선임비용이 발생한다.

국선변호인: 사선변호인을 선임할 수 없는 피고인 중에서 미성년

자이거나 70세 이상의 노인인 경우 등 법이 정한 경우에 해당하고, 피고인이 청구한 경우 법원이 선정해 주는 변호인이다. 국가에서 무상으로 선정해 준다. 아직까지는 수사단계에서 국선변호인의 도움을 받을 수 없다. 구속이 되거나, 사건이 재판단계로 넘어갔을 때 국선변호인의 도움을 받을 수 있다.

(피해자)국선변호사: 성범죄나 아동학대범죄의 피해자의 경우 (피해자)국선변호사의 도움을 받을 수 있다. 관할 검찰청에 등록된 (피해자)국선변호사들 중에서 선정되며, 특별한 사정이 없는 한 사건이 종결될 때까지 같은 변호사의 도움을 받을 수 있다.

○ 민사 사건

원고: 피고를 상대로 본인이 원하는 것을 이행하라고 소송을 제기한 자를 의미한다.

피고: 원고의 상대방으로, 소송을 당한 자를 의미한다.

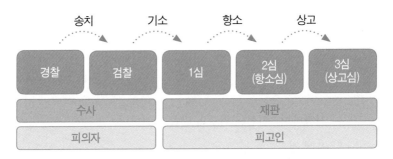

※ 형사 절차 도표 정리

목차

제1장

고소에 앞서

1.

고소는 신중하게

선배님 지인의 딸 A가 성범죄의 피해자가 되었다며, 고소 대리를 해 줄 수 있는지 부탁을 해 왔던 일이 생각난다. A가 헤어진 남자친구로부터 지속적으로 데이트폭력을 당하고 또 강간 등 성범죄를 당하였다는 내용이었다. 당연히 나는 서둘러 시간을 만들었고 A와 그 가족들을 사무실에서 만났다. 나는 A가 진정으로 원하는 것이 무엇인지 진지하게 물었고, 얼마나 A가 많은 고통을 받았었는지 공감하기도 했다. 그런데 내가 A에게 어렵게 꺼낸 말은 상당히 의외였던 것 같다. 내가 해 준 말은 '꼭 고소를 해야겠는가. 웬만하면 고소하지 말고 잊어버리는 게 어떻겠느냐.'라는 것이었기 때문이다.

A 입장에서는 상당히 오해할 수도 있는 말이었으나, 진심을 담아 꺼낸 이야기였다. 사실 변호사가 사건을 맡기겠다고 제 발로 사무실에 찾아온 의뢰인에게 '어서 계약하시죠. 제가 열심히 싸워드리겠습니다.'라는 말을 하는 게 쉽지, '다시 한번 생각해 보는 게 어떻겠느냐.'라는 말은 영업에 도움이 전혀 안 되는, 무익한 말일 수밖에 없다. 굳이 할 필요가 없는 말이다. 그렇지만 나는 A를 친한 동생이 찾아와 고민 상담하는 것처럼 이해하였고, 진심을 담아 해준 말이었다.

'나쁜 일은 빨리 덮고 잊어버리는 것도 좋은 해결책이다. 지금 이 사람을 고소하면 당신이 느끼는 고통의 시간이 더 길어질 수 있다. 한때 사랑했던 사람이었으나, 안 보면 그만인 남일 뿐이다. 그냥 빨리 다른 사람을 만나 치유받을 수 있다면 그것도 당신을 위한 일 중에 하나일 수 있다. 그런데 고소를 하면 상대방은 당신의 인생에 앞으로 수년간 잊히지 않고 살아 숨쉬게 될 것이다. 그리고 당신의 기억 속에서 잊혀야 할 그에 대한 기억을 수사기관에서, 그리고 법정에서 계속 꺼내 생생하게 확인시켜야 할 것이다. 그것은 생각보다 고통스러운 일이다. 그렇기 때문에 당신 하나만 생각하고 걱정한다면, 그 사람을 벌하는 데 시간을 쓰기보다는 우리 빨리 잊어버리는 것도 하나의 선택지임을 안내해야 하는 것이다.'

　그러나 A는 나에게 사건을 부탁했고, 나는 A를 위해 최선을 다해 의견서를 작성하고 사건 진행에 늘 신경을 쓰며 최선의 대응을 해 주었다. 어느덧 고소를 하고 2년여가 지난 후 A와 사무실에서 만나 사건기록을 같이 보며 정리하고 있었는데 A가 나에게 이런 말을 했다. "변호사님이 처음 저랑 만나서 상담하셨을 때, 고소를 안 하는 건 어떻겠냐고 하셨던 이유를 이제야 알겠어요." 솔직히 내가 A에게 한 말은 특별한 말이 아니었기 때문에 딱히 기억하고 있지는 않았다. 그런데 돌이켜보면 A에게는 그 말이 매우 특별한 혹은 특이한 말이었음은 분명해 보였다. "당시에는 몰랐는데, 이게 이렇게 길어질 줄 몰랐어요. 너무 힘들고 그냥 빨리 잊어버렸다면 좋았을 텐데, 그때 변호사님 말처럼 고소를 안 했으면 어땠을까, 그런 생각을 해 봤어요. 고소를 하고 나서 벌써 2년이 넘게 지났는데 남자친구를 새로 사겨도 오래 가질 못해요. 자꾸 재판 중인 사건이 생각나서요."

　그때 A가 고소한 사건은 4년째 계속 진행 중이다. A는 몇 차례
인가 경찰과 검찰 수사를 받았고, 재판에 증인으로 출석하여 반
나절 동안 증인신문에 임하였다. 당시 A는 법정에서 나와 가족들
을 안고 엉엉 울었다. 사건이 발생하고도 무려 2년여가 지난 시점
이었다. 계속 고통스러운 기억을 복기해야 하는 작업이 계속됐다.
그리고 고소 사실에 대해 전부 부인하는 피고인으로 인해 A의 부
친도 법정에 증인으로 출석해야 했고 A의 주변인 그리고 병원 진
단서를 발급해 준 의사까지 법정에 출석하는 고통을 겪어야 했다.

　그렇기 때문에 고소는 신중해야 한다. 고소를 한 일로 당신이 힘
들어질 수 있기 때문이다. 가해자에게 평생 성범죄자의 낙인을 안
겨 줄 수 있는 중차대한 일이기 때문에 고소를 신중하게 해야 한다
는 일반론도 물론 맞지만, 피해자 본인을 위해 고소에 신중해야 한
다는 생각은 잘 하지 못하는 것 같다. 내가 막 변호사가 되었을 때
두 번 정도 서로 다른 선배로부터 강제추행을 당한 경험이 있다.
그러나 나는 한 번도 고소를 하지는 않았는데, 그것은 상대방을 위
해서가 아니라 나를 위해서였다. 사건으로 그 사람과 계속 얽히는

것이 싫었기 때문이었다. 고소를 하면 자신의 귀한 시간과 에너지를 다 뺏길 수밖에 없다. 다행히 상대가 잘못을 인정하고 반성한다면 사건이 쉽게 흘러갈 수 있지만, 무죄를 주장하며 다투는 경우 수사기관에 여러 차례 출석하여 조사를 받을 수도 있고, 법정에 나와서 증인으로 진술을 해야 할 수도 있다. 경찰이야 교대근무를 하니까 주말이건 야간이건 원한다면 시간을 맞춰 주지만, 검찰과 법원은 평일에만 조사를 하고 재판을 하기 때문에 학생이든 직장인이 정해진 시간에 맞춰 출석하는 것은 보통 힘든 일이 아니다.

사건이 의도치 않은 방향으로 번지게 될 위험도 무시할 수 없다. 이런 일은 술을 마시고 기억이 안 나는 상태에서 준강간을 당하였다고 고소를 하는 경우 자주 발생하는데, 얼마 전 전화상담을 했던 내용이 생각난다. B는 자신이 만취한 상태에서 상대가 자신을 강간했다고 준강간 혐의로 상대를 고소했다. 그런데 이 과정에서 고소를 당한 사람과 함께 있었던 사람까지 같이 수사가 진행되며 사건이 생각보다 커지게 되었다고 한다. 한편 B는 고소한 지 3년이 지나 사건을 잊고 지냈다. 그런데 갑자기 자신이 고소를 당했다는 것을 알게 되었고, 경찰로부터 무고 등 혐의로 조사를 받으러 오라는 연락을 받았다는 것이다. 한편 자신이 고소한 사건이 혐의없음 처분을 받게 되면, 이러한 고소이력이 수사기관에 남기 때문에 나중에 정말 피해를 입어 고소를 하는 경우 불리해질 수도 있다.

따라서 무조건 화가 난다고 혹은 준비도 안 된 상태에서 고소를 하는 것은 자칫 본인에게 위험으로 돌아올 수도 있다는 점을 알아두어야 한다. 주변에서도 성범죄 피해자에게 무조건 고소를 하도록 종용해서는 안 된다. 만약 피해자가 형사 사건 진행 과정에서 계속적으로 스트레스와 고통을 받는 경우 진행 도중 극단적인 선택을 하는 경우도 있다. 그리고 고소를 했더니 상대방이 경찰 조사를 받기도 전에 극단적인 선택을 하였다는 소식을 들을 수도 있다. 그만큼 고소는 무겁고 힘든 일이라는 것이다. 그렇기 때문에, 고소를 할지 여부에 대해서 신중해야 하고 여러 가지 경우의 수를 고려해야 하는 것이다. 동화책처럼 권선징악이 짠, 하고 얻어지는 게 아니다. 따라서 냉정하게 판단하고 고려해야 하는 내용이 분명히 있는 것이다.

이런 내용을 책 서두에 쓰는 것은 고소를 하지 말라는 것이 아니라 고소를 하기 전에 이러한 점을 반드시 알아 두어야 아래와 같은 한탄의 말을 하지 않을 수 있기 때문이다.

"고소를 한다는 게 이렇게 힘든 일인 줄 몰랐어요. 고소를 할까 고민이 되어 변호사 사무실을 몇 군데나 찾아가 봤는데 이런 얘기를 해 주는 변호사는 아무도 없었어요. 다들 자기 사무실에서 진행하자며 수임계약서를 들이밀 뿐이었어요!"

성범죄 상담을 하는 경우 유독 많이 듣는 질문이 있다. 그것은 "피해자 진술 외에는 아무런 증거가 없는데도 죄가 성립할 수 있나요?"라는 질문이다.

대법원은 **"피해자 등의 진술은 그 진술 내용의 주요한 부분이 일관되며, 경험칙에 비추어 비합리적이거나 진술 자체로 모순되는 부분이 없고, 또한 허위로 피고인에게 불리한 진술을 할 만한 동기나 이유가 분명하게 드러나지 않는 이상, 그 밖의 사소한 사항에 관한 진술에 다소 일관성이 없다는 등의 사정만으로 그 진술의 신빙성을 특별한 이유 없이 함부로 배척해서는 아니 된다"**라고 판시한 바 있다.[1] 결국 성범죄의 증거가 피해자의 진술뿐이라 하더라도, 성범죄 성립이 충분히 가능할 수 있는 것이다.

피해자의 진술이 증거로서 의미를 가지는지는 피해자의 진술에 신빙성이 있는지 여부와 직결되어 있다. 따라서 피해자의 진술과 객관적으로 배치되는 사정이 입증된다면 피해자의 진술은 신빙성

---

1   대법원 2007도10728 판결 참조.

이 없어 증거로써 의미를 상실한다.

대법원은 "공소사실을 뒷받침하는 피해자 등의 진술의 신빙성 유무를 판단할 때에, 진술 내용 자체의 합리성·논리성·모순 또는 경험칙 부합 여부나 물증 또는 제삼자의 진술과의 부합 여부 등은 물론, 법관의 면전에서 선서한 후 공개된 법정에서 진술에 임하고 있는 증인의 모습이나 태도, 진술의 뉘앙스 등 증인신문조서에는 기록하기 어려운 여러 사정을 직접 관찰함으로써 얻게 된 심증까지 모두 고려하여 신빙성 유무를 평가하게 되고, 피해자를 비롯한 증인들의 진술이 대체로 일관되고 공소사실에 부합하는 경우 객관적으로 보아 도저히 신빙성이 없다고 볼 만한 별도의 신빙성 있는 자료가 없는 한 이를 함부로 배척하여서는 안 된다."라고 판시하고 있다.[2]

또한 "피해자 등의 진술은 그 진술 내용의 주요한 부분이 일관되며, 경험칙에 비추어 비합리적이거나 진술 자체로 모순되는 부분이 없고, 또한 허위로 피고인에게 불리한 진술을 할 만한 동기나 이유가 분명하게 드러나지 않는 이상, 표현상의 차이로 인하여 사소한 부분에 일관성이 없는 것처럼 보이는 부분이 있거나 최초의 단정적인 진술이 다소 불명확한 진술로 바뀌었다고 하여 그 진술의 신빙성을 특별한 이유 없이 함부로 배척해서

---

2 대법원 2015도7423 판결 참조.

는 안 된다."라고 지적하고 있다.[3]

따라서 주요 사실에 대해 일관성 있는 진술이라면 사소한 부분에서 일관성이 없는 것처럼 보이는 부분이 있다고 하더라도 신빙성이 인정되어야 한다는 취지이다.

그 이유에 대해서 대법원은 "우리 사회의 가해자 중심의 문화와 인식, 구조 등으로 인하여 성폭행이나 성희롱 피해자가 피해사실을 알리고 문제를 삼는 과정에서 오히려 피해자가 부정적인 여론이나 불이익한 처우 및 신분 노출의 피해 등을 입기도 하여 온 점 등에 비추어 보면, 성폭행 피해자의 대처 양상은 피해자의 성정이나 가해자와의 관계 및 구체적인 상황에 따라 다르게 나타날 수밖에 없다. 따라서 개별적, 구체적인 사건에서 성폭행 등의 피해자가 처하여 있는 특별한 사정을 충분히 고려하지 않은 채 피해자 진술의 증명력을 가볍게 배척하는 것은 정의와 형평의 이념에 입각하여 논리와 경험칙에 따른 증거판단이라고 볼 수 없다."라는 이유를 들어 설명한다.[4] 피해자가 성범죄 피해사실을 알리고 진술하는 과정이 매우 어려운 것이므로 함부로 그 증명력을 배척하여서는

---

3 대법원 2018도7709 판결 참조.
4 대법원 2018도7709 판결 등 참조.

안 된다는 의미이다.

한편 1심에서 유죄로 선고된 사건의 항소심에서 '피해자의 진술이 일관적이지 않다.'라는 이유로 무죄를 주장하는 경우도 있는데, 이에 대해서는 "우리 형사소송법이 공판중심주의의 한 요소로서 채택하고 있는 실질적 직접심리주의의 정신에 따라 제1심과 항소심의 신빙성 평가 방법의 차이를 고려할 때, 제1심 판결 내용과 제1심에서 적법하게 증거조사를 거친 증거들에 비추어 제1심 증인이 한 진술의 신빙성 유무에 관한 제1심의 판단이 명백하게 잘못되었다고 볼 만한 특별한 사정이 있거나, 제1심 증거조사 결과와 항소심 변론종결 시까지 추가로 이루어진 증거조사 결과를 종합하면 제1심 증인이 한 진술의 신빙성 유무에 관한 제1심의 판단을 그대로 유지하는 것이 현저히 부당하다고 인정되는 예외적인 경우가 아니라면, 항소심으로서는 제1심 증인이 한 진술의 신빙성 유무에 관한 제1심의 판단이 항소심의 판단과 다르다는 이유만으로 이에 관한 제1심의 판단을 함부로 뒤집어서는 안 된다. (중략) 피해자들은 피해내용의 주된 경우, 신체 접촉 부위, 장소, 당시의 상황과 분위기, 피고인의 말과 행동에 대한 자신들의 반응이나 감정상태 등 정형화된 사건 이상의 정보는 물론, 직접 경험하지 않고는 쉽게 꾸며내기 어려운 내용을 비교적 일관되게 진술·묘사하고 있다. 비록 피고인과 피해자들이 당시 나눈 대화 내용, 구체적인 목격 내용 등에 관하여 피해자들의 진술이 조금씩 변화되거나 기억이 나지 않는다는 취지로 진술이 변경된 부분도 있으나 이는 시간이 지날수록 기억이 희미해지거나 불명확해짐에 따른 자연스러운 현상으로 보이고, 피해자들의 진술의 신빙성을 부정할 정도에 이르렀다고 보기는 어렵다. 피고인과 피해자들은 길거리에서 우연히 마주친 사이였으므로 피해자들이 피고인에게 누명을 씌우려는 의도로 허위로 진술할 만한 동기도 없다. 그밖에 기록을 면밀히 살펴보더라도 피해자들의 진술의 신빙성을 의심할 만한 특별한 사정이 없고, 원심과 이 법원의 증거조사 결과를 종합하여 볼 때, 원심의 판단을 그대로 유지하는 것이 현저히 부당하다고 인정되지도 않는다."라고 하여, 1심에서 신빙성을 인정한 피해자의 진술은 2심인 항소심에서도 함부로 신빙성이 없다고 볼 수는 없다는 입장을 취하고 있다.[5]

결국 성범죄 피해자가 피해 사실을 알리는 경우 오히려 피해자가 부정적인 여론이나 불이익한 처우 및 신분 노출의 피해 등을 입기도 하는 점 등에 비추어 보면, 성범죄 피해자의 대처 양상은 피

---

5   대법원 2006도4994 판결 등 참조.

해자의 성정이나 가해자와의 관계 및 구체적인 상황에 따라 다르게 나타날 수밖에 없다는 점을 법원이 인정하여야 한다는 것이다. 따라서 개별적, 구체적인 사건에서 성폭행 등의 피해자가 처하여 있는 특별한 사정을 충분히 고려하지 않은 채 피해자 진술의 증명력을 가볍게 배척하여서는 안 된다는 것이다.

2.

무엇을 원하고 있나

 얼마 전, 개그 프로그램에서 판사가 판결을 하며 "피고를 징역 3 년에 처한다. 그리고 원고에게 1억 원을 배상해라."라며 의사봉을 땅땅땅 치는 모습을 보고 깜짝 놀랐다. 형사재판과 민사재판이 혼재되어 있었기 때문이었다.

 대부분 판사가 앉아서 의사봉을 두드리면 재판인 것은 알지만, 그것이 형사재판인지 민사재판인지 혹은 어떠한 청구를 하는 것이 어떠한 재판 형식을 띠는 것인지 잘 알지 못한다.

 위 개그 프로그램 내용의 문제점은 다음과 같다. '피고를 징역 3

년에 처한다.'라는 내용은 형사재판 판결이다. 그리고 형사재판에는 원고와 피고는 없고 검사와 피고인만 있다. 그러나 '피고는 원고에게 1억 원을 배상하라.'라는 판결을 하는 것은 민사재판이다. 피고인을 처벌하는 형사재판과 원고에게 손해배상을 지급하라는 민사재판은 완전히 다른 절차이고, 심지어 재판하는 법정도 다르게 생겼다. 그러나 이러한 차이를 이해하는 사람은 거의 없다.

그래서 간혹 피고인에게 벌금 1,000만 원이 선고된 경우 이 벌금이 피해자에게 돌아가는 것으로 오해하는 경우도 있다. 그런데 벌금은 국가에 납부하는 것일 뿐이며, 피해자에게 지급되는 것이 아니다. 피해자는 형사재판에서 판결을 통해 피해배상을 받는 경우는 거의 없다. 특히 성범죄 피해자인 경우 더더욱 그렇다.

다시 말해, 가해자를 처벌하는 것과 가해자로부터 손해배상을 받는 것은 전혀 다른 문제다. 형사 사건과 민사 사건의 차이를 이해하고 고소를 할지 소송을 제기할지를 고민하는 것도 필요할 것이므로 차이점에 대해 설명하고자 한다.

형사 사건은 범죄자를 처벌해 달라고 국가에 요청하는 것이다.

그렇기 때문에 형사재판에서 당사자는 판사, 검사, 피고인이다. 따라서 피해자는 형사재판에 증인으로 출석하는 경우가 아니라면 출석 의무도 없다.

따라서 가해자를 처벌하는 게 목표인지, 피해배상을 받는 게 목적인지 아니면 둘 다인지, 사내에서 일어난 일이라면 저 사람에게 분리조치를 하는 게 목표인지 진지하게 생각하는 게 좋다. 간혹 일단 형사고소를 한 후 배상을 받고 고소를 취하하겠다고 생각하는 경우가 있는데, 성범죄 사건의 경우 친고죄 및 반의사불벌죄가 폐지되어 한 번 고소한 사건을 되돌리는 일은 불가능해졌다.

실제로 잘 알던 오빠로부터 강간을 당했다고 신고를 하고 나서 가해자가 바로 사과를 하고 용서를 구하자, 더 이상 사건화하고 싶지도 않고 경찰서에 조사받으러 다니고 싶지도 않다며 신고취하를 표시하고 계속 경찰의 출석에 불응하는 피해자가 있었다. 그런데 신고가 접수되었고 사건이 친고죄나 반의사불벌죄가 아니다 보니 수사관은 수사를 마무리해야 하고 수사는 신고인을 불러 신고 사실을 조사하는 것부터 시작해야 하다 보니 계속해서 신고자에게 연락하여 출석을 요구할 수밖에 없는 것이었다. 당시 신고자가 매우 큰 스트레스에 시달렸던 것으로 알고 있다.

그렇기 때문에 형사고소를 할 때에는 직접 경찰서에 출석하고 상대방이 사과를 한다고 하더라도 사건을 당장 끝낼 생각이 없을 정도의 상황에서 하는 것이 필요한 것이다.

처벌까지는 원하지 않더라도 금전적인 손해배상을 받아야겠다 생각하면 가해자를 피고로 하여 민사소송을 제기할 수도 있다. 민사소송의 경우 상대방에 대한 개인정보를 알아야 한다. 이름이나 휴대전화번호 정도는 알아야 제기할 수 있다. 일반 형사 사건의 경우 상대방에 대한 정보가 전혀 없더라도 수사를 통해 상대방을 수사기관이 알아서 특정을 해 주는데, 민사 사건은 내가 특정을 해야 한다. 최소한의 특정이라도 한 후 법원의 석명을 통해 주민등록초본을 발급받고 해당 주소지로 소장을 송달하면서 사건이 시작된다. 따라서 개인정보를 정확히 알지 못하는 한 절차 진행이 매우 번거롭다.

또한 사건을 접수하기 위해서는 법원에 인지·송달료를 납부하여야 하고, 소장을 상대방에게 송달하였다고 하더라도 사건이 매우 더디게 진행되기 때문에 몇 달이 지나야 첫 변론기일이 잡히게 될지 예측하기도 어렵다. 그리고 민사소송을 통해서 받을 수 있는 위자료 등 금전적 손해배상은 통상적으로 형사 사건에서 받을 수 있는 합의금보다 액수가 매우 적은 편이다. 더욱이 손해배상을 명하는 판결이 확정되었다고 하더라도 피고에게 재산이 없는 경우 실제 판결문에 적힌 금액을 받을 수 있을지도 미지수이다. 그렇기 때문에 실제로 형사고소를 하지 않고 민사소송만 진행하는 경우는 거의 없다.

그래서 형사고소를 하는 것은 차선으로 두고, 금전적 손해배상을 받고 기타 조건들을 두고 합의를 하는 선에서 끝내고 싶다면 고소 전 합의 이야기를 꺼낼 수도 있다. 다만 이런 경우 무턱대고 돈을 요구했다는 식으로 상대방이 피해자의 진의를 왜곡할 수 있다. 따라서 신중을 기해야 한다. 전에 고소 대리를 수임하였을 때 의뢰인 C는 '합의가 된다면 고소하지 않고 합의를 하고 싶다.'라고 요청했던 적이 있다. 당시 C는 같은 회사의 상사가 회식을 마치고 귀가를 하던 중 자신을 강제추행 했다며 ① 혐의를 인정하고 사과, ② 금전적 배상, ③ 상대방의 이직을 원하고 있었다. 이에 C를 대리하여 위와 같은 요건을 전하였고, 상대방 역시 변호사를 선임하여 변호사들끼리 만나 위 내용에 대해 합의하고 더 이상 법적으로 문제 삼지 않겠다고 합의하였던 적이 있다.

물론 형사처벌을 받으라고 고소장도 내고 민사상 손해배상을 청구하는 방법을 병행할 수도 있다. 그러나 이러한 경우 형사 사건이 판결이 날 때까지 혹은 확정될 때까지 민사 사건은 진행되지 않는다. 그 이유는 간단하다. 손해배상이란 불법행위로 인해 입은 손해를 금전적으로 배상하라는 것이다. 따라서 원고가 주장하는 불법행위가 어떠한 것인지 그리고 그 죄질이 얼마나 안 좋은 것인지 등 판단한 자료를 근거로 금전적 판단을 한다. 그러므로 형사 재판에서 가해자의 행위가 얼마만큼의 잘못으로 평가·확정되는지에 따라 민사상 손해액이 달라질 수밖에 없다. 극단적으로 말해 민사 사건에서 손해가 인정되었다고 해 버렸는데 형사 사건에서 무죄가 선고되는 등 이런 불합리한 결과를 막기 위해 형사 사건을 선행으로 두고 민사 사건은 그 결과를 전제로 판단하는 것이 합리적이기 때문이다.

따라서 금전배상을 받을 생각이 있다면 형사 사건 진행 중에 합의를 하거나, 형사 사건이 끝난 후에 민사 사건을 진행하는 것이 효과적이다. '절대로 합의하지 않겠다.'라는 취지로 민사소송을 제기하였으나 시간이 오래 걸리면서 도중에 지치게 되거나 피고인 측이 제시하는 합의금에 따라 합의 쪽으로 생각이 기울 수도 있다.

사람 일은 모르는 것 아닌가. 그렇기 때문에 굳이 민사소송을 서둘러 제기할 이유가 없다. 괜히 민사소송을 먼저 제기하였는데 형사 사건에서 원만히 합의가 되는 경우, 법원에 지불해야 하는 인지·송달료만 날리게 되는 결과를 초래할 수도 있다. 이러한 사정을 알지 못해서인지 선임한 변호사가 민·형사를 모두 선임하기를 원해서인지는 알 수 없지만 고소를 하면서 민사소송을 함께 서둘러 제기하는 경우가 적지 않다. 개인적으로는 매우 소모적인 일이라고 생각한다.

한편 회사 내에서 피해가 발생한 경우 피해자가 '가해자의 형사고소는 원하지 않으나, 사내 징계를 원한다.'라며 회사에 피해 신고를 하는 경우도 적지 않다. 대부분 분리조치를 원하거나 퇴사를 하기 원할 것이다. 이 경우 회사의 규모가 어느 정도 되는 곳이라면 즉각 가해자를 피해자로부터 분리조치를 하는 등 절차가 진행된다.

성범죄의 경우 부당한 지시를 한 것과 같은 직장 내 괴롭힘과는 비교도 안 될 중징계를 받을 수 있다. 공무원은 물론 공공기관의 직원의 경우 술에 취해 부하직원을 추행한 사실이 인정되는 경우 대부분 해임과 같은 중징계를 받게 되는 것이 현실이다. 후임들에게 수차례 성희롱을 한 경우에도 피해자가 동성이든 이성이든 상관없이 강등과 같은 중징계를 받은 사례도 있다. 전과자를 만들지는 않았으나 현실적으로 매우 큰 타격을 주는 일이다.

다만 이러한 경우 주변 사람들에게 내가 성범죄 피해자라는 사실이 공개될 위험이 매우 크다. 회사는 매우 좁은 사회이므로 누가 가해자이고 누가 피해자인지 알아내는 것은 어렵지 않기 때문이다. 가해자가 굳이 피해자가 누구인지에 대해 소문을 내지 않더라도 수사기관 등에서 절차가 진행되는 것과 달리 사내에서 진행되는 사건은 보안 유지가 쉽지 않은 특징이 있다. 따라서 주변 사람들에게 나의 피해 사실을 알리고 빠른 시간 내에 피해에 대한 배상을 받기를 원한다면, 사내 징계절차를 이용하는 것이 훨씬 더 효율적일 수 있다.

결국 가해자에게 어떠한 조치·처벌이 내려지는 것을 원하는지 혹은 배상을 원하는지 여부 등에 따라 해야 하는 절차는 다를 수밖에 없다는 점을 미리 알고 확인해 두어야 한다.

◆ 강간죄 처벌 수위

강간죄는 3년 이상의 유기징역에 처하도록 규정하고 있다. 벌금형은 애초에 법정형으로 정하고 있지도 않다. 따라서 유죄가 인정되는 경우 구속을 전제로 하고 있는 것이다. 피고인에게 동종전과가 없는 경우 법원은 일반적으로 피해자와 합의가 된 경우에는 집행유예를 선고하고, 합의가 되지 않은 경우에는 실형을 선고한다. 따라서 강간죄와 같이 징역형만을 법에 정하고 있는 범죄에서 합의는 구속이 되느냐 아니냐를 가르는 가장 중요한 기준이라고 할 수 있다.

강간죄는 피해자가 자신의 의사로 성관계를 거부하는데도 강제로 성관계를 한 경우에 인정이 되는 범죄인데, 준강간죄는 피해자가 술에 취해 인사불성이거나 잠이 들어 있어 저항이 어려운 경우에 이를 이용하여 간음하면 성립한다. 대부분 고소인은 이 두 범죄를 정확히 구별하지 못하는데, 법정형이 동일하고 수사관이 조사 과정에서 죄명을 정정하기도 하므로 어떤 죄명으로 고소를 하든 큰 의미는 없다.

강간이나 준강간은 피고인이 초범이고 피해자와 합의가 되지 않은 경우, 법원은 대체로 피고인에게 2년에서 3년 정도의 실형을 선고하고 있다.

　한편 2명 이상의 가해자가 합동하여 피해자를 강간하는 특수강간이나 주거침입강간의 경우에는 법정형을 7년 이상으로 규정하고 있어, 피고인이 아무런 전과가 없는 초범이고 피해자와 원만히 합의가 되었다고 하더라도 집행유예의 선고가 불가능하다. 따라서 이러한 범죄들은 피고인이 초범이고 피해자와 합의가 된 경우 통상 3년 6개월의 실형이 선고되고, 합의가 되지 않은 경우 통상 5년 정도의 실형이 선고될 것으로 예상할 수 있다.

　참고로 어떠한 범죄가 얼마나 처벌받게 되는지는 여러 가지를 살펴보아야 하는데, 첫 번째로 중요한 것은 범행이 일어난 당시(범죄행위 시)에 해당 법규가 예정하고 있는 법정형을 확인해야 한다. 성범죄는 법을 개정하며 그 처벌수위가 계속 높아져 가고 있기 때문에, 범죄 피해를 당했던 당시에 적용되던 법정형에 따라 집행유예가 가능한지, 혹은 벌금형이 가능한지가 달라진다. 또한 범행을 저지르는 과정에서 죄질이 나쁜지 여부에 따라서도 다르며, 피고인에게 전과가 있었는지 여부에 따라서도 천차만별일 수 있다.

그러므로 사건은 끝나 봐야 정확히 아는 것이고, 건마다 다를 수밖에 없으므로 처벌수위에 대한 안내는 참고 정도로만 여기는 것이 바람직하다.

3.

고소를 결정했다면 최대한 빠르게

대부분의 형사 사건은 사건이 발생하고 얼마의 시간이 지난 후에 고소를 하였는지가 중요한 부분 중 하나다. 더욱이 성범죄 사건은 객관적인 증거가 없는 경우가 많기 때문에 사건이 발생하고 상당한 시간이 지난 후에 고소를 하는 것은 피해자에게 더더욱 불리하다. 또한 시간이 상당히 흐른 뒤에 고소를 하게 되면 당시 범죄가 없었다는 정황증거로서 상대방이 다투게 되고 '왜 늦게 고소를 하였는지'가 쟁점으로 될 수 있다.

예를 들어 아는 사이에 추행이나 강간을 당한 후에 계속 연락을 해 왔다거나 빠른 시간 내에 이의를 제기하지 않았다가 한참 후에 고소를 하는 경우, 도중에 뭔가 다른 불쾌한 일이 있어 이전의 일을 문제 삼아 고소를 한 것이 아닌지, 다시 말해 무고의 고의가 있었던 것이 아닌지 쟁점화될 수 있다. 따라서 이러한 사실을 염두에 두고 고소를 해야 한다.

간혹 "시일이 많이 지난 일인데 고소를 할 수 있나요?"라며 질문을 하는 분들이 있다. 그러한 경우 나의 대답은 이렇다. "공소시효만 지나지 않았다면 당연히 고소는 가능합니다. 그러나 빨리 고소를 하여 진행하는 것이 늦게 고소를 하는 것보다는 훨씬 유리합니다."

실제로 상당한 시간이 경과한 후 피해자가 고소를 하는 경우 수사관은 반드시 "왜 이렇게 늦게 고소를 하게 되었나요?"라는 질문을 하게 된다. 이는 사건을 바라보는 데 매우 중요한 부분이기 때문이다. 고소를 하지 못한 이유가 있었는지, 이유가 있었다면 납득할 만한 것인지 등을 확인을 하는 것이다.

최근에 피해자가 피의자와 교제를 하고 헤어진 지 3년이 넘어서 갑자기 고소를 한 사건을 담당한 적이 있다. 피해자는 피의자와 헤어지고 난 후 3년이 지난 시점에서 '연애하던 당시 피의자가 자신을 집으로 데려다 주면서 현관에서 갑자기 피해자의 가슴을 만져 추행하였다.'라는 등 몇 가지 피해사실에 대해 고소를 하였다. 이러한 경우 피해자도 제출할 증거가 없고, 피의자 역시 반박할 증거가 없다. 당시에 사용하였던 휴대전화는 이미 새로운 기종의 전화기로 교체되었고, 둘이 주고받았던 메시지 내용 역시 모두 사라졌다. 결국 피해자가 피해 사실을 주장한 내용에 대해 어떠한 증거도 없었고, 이후에도 피의자와 계속 교제를 하였던 점 등을 이유로 피의자는 강제추행에 대해 혐의없음 처분을 받았다.

실제 판례에서도 이러한 내용은 쉽게 확인할 수 있다. A와 B는 부부 사이이고, 남편의 친구 C는 이 부부와 동거를 하고 있었다. 세 사람은 평소에도 농도 진한 성적 농담을 주고받는 일이 잦았는데, 주로 아내인 A가 이러한 성적 농담을 시작하는 편이었다. 그러던 중 C가 세 명이 함께 대화하는 단체 메신저 대화방에 야한 사진을 올렸는데, 이 일로 A는 C를 통신매체이용음란죄로 고소를 하였다. 이 사건은 항소심에서 C에게 무죄가 선고되었는데 여러 이유중에 하나는 'A가 이 사건을 고소한 것은 C가 B를 고소하여 B에게 실형이 선고되었기 때문인 것으로 보인다.'라는 것이었다.

다시 말해, C가 문제 사진을 올렸을 때 A는 낄낄거리면서 웃고 넘겼던 사정 등을 보아 당시 A가 성적 불쾌감을 느끼거나 하는 일은 전혀 없었던 것으로 보이나, 이후 C가 B를 고소하였고, 사이가 안 좋아진 후 B가 구속이 되는 일이 생기자 A가 그제야 C를 괴롭히고자 하는 마음에 이 사건으로 고소를 한 것 같다는 취지다. 결국 어떤 일이 있고 난 후 한참 후에 고소를 하게 되면, 그 사이에 어떠한 일이 발생해서 두 사람의 관계가 달라지는 일이 발생할 수도 있는 것이다.

예를 들어 연인 사이에서 다투고 성관계를 하여서 당시 기분이 좋지 않았는데, 이후 화해하고 교제를 잘 하다가 헤어지고 나니 기분이 나쁘고 그 일이 계속 생각나니 고소를 하게 되는 경우도 적지 않기 때문이다. 결국 피해를 당하고 한참의 시간이 지난 후 고소를 하게 된 경우 다른 이유 정확히는 무고할 만한 이유가 있는 것이 아닌가 의심하게 만들 빌미를 제공한다.

반면 현장에서 바로 신고를 하는 경우 이는 피해자에게 매우 유리한 정상이 될 수 있다. 담당했던 사건 중 찜질방에서 강제추행을 당한 피해자가 현장에서 바로 경찰에 신고를 하였는데 이러한 경우 '피해자에게 일면식이 없는 피의자를 무고할 만한 특별한 이유가 없다.'라는 이유로 피해자의 피해 사실을 인정하는 데 매우 큰 도움이 되었다. 다른 사건은 강간 사건이었는데, 피고인은 "피해자와 채팅 어플에서 만나 호텔방에서 술을 마시고 놀고 있었는데, 스킨십을 먼저 막 해 오길래 자연스럽게 옷을 벗겼는데, 갑자기 피해자가 발로 나를 차더니 '너 오늘 좆됐어.'라며 뛰쳐나갔다."라고 주장하고 있었다. 그러나 피해자가 그랬다는 증거는 전혀 없었고, 오히려 호텔 복도 CCTV에는 피해자가 상의만 입은 채로 복도를 뛰어내려가 바로 신고를 하는 장면이 찍혀 있을 뿐이었다. 이러한 점을 들어 법원은 위와 같은 이유로 피고인에게 중형을 선고하였다.

고소를 빨리하게 되면 증거 확보에도 도움이 된다. 통상 호텔이나 편의점, 술집 CCTV는 2주에서 한 달 정도를 보존기간으로 두고 있다. 따라서 몇 달 지나서 고소를 한다거나 하는 경우 아무런 증거가 남아 있지 않을 수 있다. CCTV는 개인이 획득할 수 있는 증거가 아니기 때문에 고소를 하기 전에 미리 수집하기 매우 어려운 사정이 있다. 따라서 일찍 고소를 하는 것이 증거보전 차원에서도 유리할 수밖에 없는 것이다.

따라서 고소를 하기로 결정했다면 최대한 빨리하는 게 좋다. 그리고 최대한 빠른 시간 내에 자신의 의사를 어떤 식으로든 표현해 놓는 것이 필요하다. 그러한 의사 표시 역시 중요한 증거가 될 수 있기 때문이다. 여하튼 고소를 할지 여부는 신중히 결정하되 고소를 하기로 결심했다면 최대한 빨리 고소를 해야 한다.

강제추행죄는 10년 이하의 징역 또는 1,500만 원 이하의 벌금에 처하도록 규정하고 있다. 앞서 설명한 강간보다는 훨씬 넓은 경우의 수를 가진다. 피의자가 초범이고, 죄질이 크게 나쁘지 않고, 피해자와 합의하였고, 자신의 죄를 인정하는 경우에 검사는 기소유예 처분을 내릴 수도 있다. 또한 이 경우 재판 도중에 합의가 된다면 선고유예도 가능하다.

이때 죄질이 나쁜지 여부를 따지기 위해서는 어떤 상태에서 피해자의 어떤 부위를 만졌는지도 매우 중요한데, 죄질이 크게 나쁘지 않다고 볼 수 있는 것은 피고인이 행위 당시 추행의 고의를 가진 것이라 확신하기 어려운 때, 예를 들어 힘내라며 어깨를 두드리거나 어깨를 주무르거나 손을 잡은 경우를 뜻한다. 대부분 피해자가 입은 옷 위로 접촉을 한 경우이다. 반면 죄질이 나쁘다고 평가되는 때란 이와 반대로 추행의 고의를 쉽게 짐작할 수 있는 경우, 예를 들어 피해자의 옷을 벗기거나 옷 안으로 손을 넣어 가슴이나 성기와 같은 부위를 만진 경우를 의미한다. 이러한 경우 아무리 피해자의 합의를 받았다고 하더라도 기소유예나 선고유예와 같은 선처를 받기는 어렵다.

죄질이 크게 나쁘지 않고 피고인이 초범인 경우, 피해자와 합의가 되지 않았다면 피고인에게는 벌금형이 예상되고, 합의가 된 경우에는 벌금형에서 선고유예까지 예상된다. 반면 죄질이 나쁜 경우 피고인이 초범이라고 하더라도 피해자와 합의되지 않은 경우 실형에서 징역형의 집행유예를 예상할 수 있고, 합의가 된 경우라 하더라도 징역형의 집행유예에서 벌금형을 예상할 수 있다.

강제추행이라 하더라도 군형법상 강제추행(군인등강제추행)이나 주거침입강제추행과 같은 경우에는 벌금형을 예정하고 있지 않다. 따라서 징역형만 법정형으로 규정하고 있는 때에는 강간죄의 처벌수위에서 설명한 바와 같이, 피해자와 합의가 되지 않으면 실형의 선고를 피하기 어려우며, 집행유예를 받기 위해서는 피해자와 합의를 하는 과정이 필요한 것이다.

제2장

형사 사건
진행 과정

1.

사선변호사? 국선변호사?

성범죄 사건은 피해자를 불러 조사하는 것부터 시작된다. 내가 아무리 자세히 피해사실에 대해 작성해서 제출하였다고 하더라도 구두로 진술을 받아 조서를 작성하여 범죄사실을 특정하고 피해 자로부터 진술을 받고 직접 의사를 확인하는 과정을 거친다.

이 과정에서 변호사의 도움을 받을 수 있는데, 이러한 변호사에 는 내가 직접 선임하는 사선변호사와 나라에서 무료로 선정해주 는 (피해자)국선변호사가 있다.

사선변호사를 선임하는 경우 고소장 작성부터 도움을 받을 수 있다. 고소장 내용부터 피해자의 피해사실이 진술되기 때문에 고소장은 법리적으로나 사실적으로 정리를 잘하는 게 중요하다. 추후 상대방이 피해자 진술의 신빙성을 따질 때 '고소장 내용에는 X라고 했는데, 경찰 진술에서는 Y라고 했다!'라며 진술의 일관성이 없어 믿을 수 없다고 주장할 것이기 때문이다. 따라서 가해자의 어떤 행위가 어떠한 죄가 되는지에 대해 사선변호사의 도움을 받아 고소장을 작성하면 큰 도움이 된다. 더욱이 경찰 조사나 추후 사건 진행에서 동석을 하거나 진행 과정에 대해 계속 소통하며 사건에 대한 정보를 얻기에 용이한 편이다. 내가 비용을 들여 선임한 변호사이기 때문에 아무래도 내 사건에 관심을 더 가질 것이라 생각될 수 있고, 연락을 하기 더 쉬울 수밖에 없을 것이다.

한편 성범죄 사건이 접수되면 사선변호사가 선임되어 있지 않은 피해자에게 국선변호사의 선정을 원하는지 여부를 묻는다. 따라서 피해자가 거절하지 않는 한 얼마든지 무상으로 (피해자)국선변호사의 도움을 받을 수 있다. (피해자)국선변호사 역시 조사에 동석할 수 있으며 탄원서나 의견서를 정리해서 제출해 주기도 한다. 간혹 (피해자)국선변호사 일정이 바쁘다고 하는 경우 무상으로 도움을 받는 것이라 생각하다 보니 번거롭게 하는 것 같아 미안하다는 생각에 피해자가 혼자서 조사를 받거나 사건을 처리하려 하는 경우가 많은데, 반드시 조사를 받을 때에는 (피해자)국선변호사와 일정을 맞춰서 변호사의 도움을 받을 수 있도록 노력해야 한다.

우리 사무실에 성범죄 피해자가 "고소를 하고 싶다."라며 상담 요청을 해 오는 경우가 있다. 이런 때에는 대부분 "선임 비용에 부담이 없는 경우가 아닌 한 (피해자)국선변호사의 도움을 받으시면 됩니다."라고 안내를 하곤 한다. 그러면 사선변호사 선임 비용을 물어본 후 사건을 맡기는 경우도 있지만 대부분은 "알겠습니다." 라며 상담을 종료하곤 한다. 피해를 당한 것도 억울한데 상대방으로부터 피해회복을 받을 수 있을지 없을지도 모르는 상황에서 사비를 들여 변호사를 선임하는 것이 부담일 수밖에 없기 때문이다. 상대방이 합의하겠다는 말이 없거나, 돈이 없어 합의를 하지 못하는 경우 피해자는 변호사 선임 비용을 추가로 지출하게 되는 일이 발생할 수 있기 때문에 이러한 사정을 설명하고 선택하게 하는 것이다.

한편 피해자의 상대방인 변호인 입장에서 사건을 진행하다 보면 피해자변호사의 업무를 보며 화가 나기도 한다. (사실 형사 사건이 처음인 분들의 경우 변호사가 하는 일에 대해 뭐가 문제인지 잘 모를 수밖에 없다. 따라서 이에 대해 설명하고 비판을 하기 위해 이 책을 쓰기로 결심한 것도 있다.) 우선 사선변호사 중에는 성범죄 피해자 고소대리를 하며 착수금을 받지 않고 성공보수로만 약정을 하는 경우가 많다. 피해자가 당장 변호사 선임 비용을 선불로 지급하는 것이 부담일 수밖에 없기 때문에 일단 공짜나 공짜에 준하는 정도의 상징적인 비용만 받고 사건을 시작한 후에 가해자로부터 합의금을 받으면 그중에 일부를 보수로 떼어 가는 방식을 말한다.

이러한 경우 피해자변호사는 사건 자체에는 관심이 없다. 다만 계속해서 합의를 하자고 변호인에게 연락을 한다. 이러한 피해자변호사를 만나면 변호인 입장에서는 채권추심을 받는 것 같은 기분이 든다. 하루가 멀다 하고 "변호사님 언제 합의하실 건가요?"라고 물어오니, 어떤 경우는 가해자는 합의할 생각이 없는 사건이었는데 피해자 측이 매일 합의를 해 달라고 요청을 해 오니 중간에서 난감하기도 했다. 심지어 내가 경험했던 어떤 변호사는 직접 구속되어 있는 피고인에게 접견을 가서 "빨리 합의를 해라. 니가 돈이 없으면 가족들한테 돈 마련하라고 해라. 오늘 당장 가족들에게 편지를 써서 보내라."라며 이야기를 한 적도 있었다. 피고인과 가족들이 매우 당황스러워했던 일이 생각난다. 피고인의 반응이 시큰둥하자 그 변호사는 피고인에게 부모와 누나의 연락처를 물어보며 자신이 직접 전화를 하겠다고도 했는데, 당시 피고인은 그 변호사가 너무 이상해서 "가족들 연락처는 외우고 있지 않아서 기억이 안 난다."라고 거짓말을 했다고도 한다.

이렇듯 피해자변호사가 자신의 보수를 위해 합의를 하려고 지나치게 밀어붙이거나, 피해자가 원하는 금액보다 훨씬 낮은 금액으로라도 어떻게든 합의를 시키려고 하는 이유는 자신의 보수가 걸려 있기 때문이다. 따라서 착수금 없이 성공보수로만 약정을 하는 경우 피해자변호사가 합의금을 과도하게 요구를 하기가 쉽고 이러한 경우 피고인이나 재판부 측에 좋지 않은 인상을 줄 수도 있다. 변호인은 대부분 피해자가 요구하는 조건이나 합의에 대한 진행상황을 재판부에 설명하기 때문이다. 결국 계속 금전요구에만 중점을 두고 사건을 진행하게 되면 피해자가 고소한 진의를 의심하게 되는 일까지 생길 수 있다. 따라서 이러한 점을 유의해야 한다.

반면 성범죄 사건에서 (피해자)국선변호사는 많은 변호사들이 문제라고 비판하고 지적하는 제도 중의 하나이다. 검찰에 등록되어 있어 수사기관에서 한 번 선정을 해서 사건이 끝날 때까지 대리를 해 주는 (피해자)국선변호사는 국선전담변호사가 아니다.[6] 이게 무슨 뜻이냐면 국선사건이 주 업무인 사람들은 아니라는 뜻이다. 따라서 일반적인 (피해자)국선변호사는 기본적으로 자신이 수임한 사건을 처리하는 사선변호사이나 검찰에 공익활동과 같이 지원하여 추가적으로 배당받은 사건을 진행하는 형식이다. 따라서 (피해자)국선변호사는 자신이 수임한 사건도 수행하기 때문에 아무래도 피해자국선사건에 신경을 덜 쓰게 될 수밖에 없을 것이다.

그러다 보니 (피해자)국선변호사와는 연락이 너무나 어렵다. 변호인으로 연락을 할 때는 물론 피해자가 직접 연락을 할 때도 연락이 안 되는 경우가 너무나도 많다. 안 그래도 '피고인-변호인-피해자변호사-피해자'로 여러 단계를 거쳐 연락을 해야 하는데, 피해자변호사와 연락이 어려우니 피고인 측은 물론 피해자 역시 답답해지는 일이 비일비재하다. 실제로 "(피해자)국선변호사가 선정이 되었는데 도움을 받기가 어려워서 사선변호사를 선임하고 싶다."

---

6 대한법률구조공단 소속 변호사 중 피해자국선전담변호사가 있기는 하나 이는 일반적인 (성범죄·아동학대범죄)(피해자)국선변호사와는 다른 것으로, 기초생활수급자와 같이 사회취약계층을 대상으로 지원하는 것이다.

라며 연락을 주는 피해자도 상당히 많다.

그렇다면 도대체 사선변호사를 선임하라는 말이냐, (피해자)국선변호사의 도움을 받으라는 말이냐, 의문이 들 수도 있겠다. 나도 이 질문에 대해 곰곰이 생각을 해 봤는데, 착수금을 어느 정도 주고 사선변호사를 선임하는 게 최선일 것 같다는 조언을 드리기로 했다. 비용은 들인 만큼 돌아온다. 따라서 어느 정도 비용을 지급하고 내 변호사가 피고인 측에 품위 있는 대응을 하고 내 사건에 진지하게 들여다봐 줄 정도의 노력의 대가를 지불하고 사건을 시작하라는 취지이다.

물론 이러한 이야기는 내가 많은 사건을 진행하면서 그리고 주변에 이러한 사건을 많이 다뤄 본 친구들과 공감하고 있는 내용일 뿐 일반화할 수는 없다. (피해자)국선변호사 중에는 누구보다 열심히 피해자를 위해 뛰어다니는 변호사도 있고, 착수금을 받고 사건을 진행하는 사선변호사 중에서도 사건에 정말 신경을 안 쓰는 변호사도 분명히 있기 때문이다. 다만 내가 변호사의 도움을 받는다면 어떠한 도움을 받을 수 있는지, 내가 어떠한 것을 요청할 수 있으며 어떠한 서비스를 받을 수 있는 것인지 정도는 정확히 알아야 하기 때문에 이러한 내용을 설명한 것이고, 상식적인 선에서 착수금을 받는 사선변호사를 선임하는 편이 안전할 것이라는 이야기를 하게 된 것이다.

얼마 전 상담을 한 사건이 있었는데, 피해자는 16세 미만의 미성년자였고, 가해자는 성인이었다. 추행 및 유사강간 혐의가 적용된 사안이었다. 피해자의 아버지가 우리 사무실에 상담을 왔고 자신이 써서 제출한 고소장과 관련 자료 등을 나에게 보여 줬다. 피해자의 아버지는 현재 (피해자)국선변호사가 선정되어 있다고 설명을 하면서, 나에게 더 보충하거나 준비해야 하는 것이 있는지 물었다.

피해자의 부모는 경제력이 꽤 있는 편으로 보였기 때문에 나는 "군이 사선변호사를 선임하지 않고, 아버님이 직접 고소장을 작성하신 이유가 있나요?"라고 물었다. 아무리 많이 연구하고 제출했다고는 해도 고소장에 적시된 법리가 약했고, 표현방식이 서툴렀으며, 증거라고 제출한 자료들이 부실했기 때문이다. 피해자의 아버지는 "서둘러 고소를 하기 위해 어쩔 수 없이 내가 작성하였으며, 사선변호사를 선임할 시간이 없었다."라고 말했다. 그러면서 초기에 본인이 스스로 가해자와 연락을 하는 과정에서 가해자가 자백하는 내용을 녹음하거나 증거로 만들지 못하는 등 아쉬운 부분은 분명히 있었다.

그 사건에서 피해자는 (피해자)국선변호사 동석하에 진술을 모두 마친 상황이었고, 피의자 진술을 앞두고 있으며 피해자의 휴대전화 등 사건에 관련된 자료가 모두 제출된 상황이었다. 이런 상황에서 피해자의 아버지는 나에게 "혹시 지금이라도 사선변호사를 선임해야 할까요?"라고 물었다. 이에 나는 "피의자가 혐의를 완강히 부인하며 피해자의 주장을 다투는 경우, 피해자를 재차 소환하여 다시 조사하거나 (피해자가 미성년자여서 그럴 가능성은 거의 없겠지만) 대질조사를 할 수도 있다. 그렇게 되는 경우라면 사선변호사를 선임하여 다툴 필요가 있겠지만, 지금 단계에서는 굳이 사선변호사를 선임하실 필요는 없을 것 같다."라고 이야기했다. 그러자 그 아버지는 매우 다행이라는 듯 안도했다.

나와 같은 사선변호사에게 상담을 하며 "사선변호사를 선임하는 게 좋을까요?"라고 물으면 "당연히 사선변호사를 선임하는 게 좋지요!"라고 답할 것이라 예상할 수 있다. 어찌 보면 바보 같은 질문이라고 생각할 수도 있을 것이다. 그러나 "사선변호사를 선임하려면 고소 전에 하셔서 고소장 작성을 그 변호사한테 맡기는 게 좋았을 겁니다. 그리고 피해자 조사 전에 이야기도 깊이 있게 나누고요. 그런데 이미 고소장도 제출했고 조사도 마친 상황이기 때문에 굳이 지금의 단계에서는 사선변호사를 선임할 필요가 없어 보입니다."라는 말을 듣고는 마주앉은 변호사가 돈이나 벌자고 하는 말이 아니라 진실되게 상담을 해 주고 있다는 느낌을 받았던 것 같다. 피해자의 아버지는 우리 사무실을 떠나며 "혹시라도 사선변호사를 선임해야 할 일이 생기거나 나중에 또 문의드릴 일이 생기면 연락드리겠습니다."라고 인사하였고, 나는 "그럴 일 없이 원하시는 결과 받으시길 바라겠습니다." 하고 인사했다.

이렇듯 (피해자)국선변호사의 도움을 받느냐, 사선변호사의 도움을 받느냐는 간단한 문제가 아니다. 더 큰 도움을 받을 수 있는 단계가 있고 그렇지 않은 단계도 있다. 따라서 자신의 경우 누구의 도움을 받아 어떻게 진행하는 것이 좋을지에 대해 미리 상담을 받아 보는 것도 나쁘지 않을 것이다.

불법촬영 혹은 몰카범죄라 불리는 카메라등이용촬영죄는 7년 이하의 징역 또는 5천만 원 이하의 벌금에 처하도록 규정되어 있다. 피의자가 초범이고, 죄질이 크게 나쁘지 않고, 피해자와 합의하였고, 자신의 죄를 인정하는 경우에 검사는 기소유예 처분을 내릴 수도 있다. 또한 이 경우 재판 도중에 합의가 된다면 선고유예도 가능하다.

이때 죄질이 나쁜지 여부는 어떤 상태에서 피해자의 어떤 부위를 어떻게 촬영하였는지에 따라 정해진다. 예를 들어 옷을 입고 버스정류장에 서 있거나 지하철에 앉아 있는 경우 혹은 길거리를 걸어 다니는 모습을 찍는다거나 옷을 벗고 샤워를 하고 있거나 탈의실에서 옷을 갈아입는 모습을 찍는 경우도 있다. 피해자가 옷을 입고 버스에 서 있는데 레깅스와 같이 몸매 라인이 도드라진 것을 촬영하는 경우도 있고, 치마 속을 촬영하기 위해 휴대전화를 다리 사이로 몰래 넣는 경우도 있다. 심지어 피해자가 화장실에서 용변을 보는 모습 찍는 경우도 있으며, 나체로 성관계를 하는 영상을 몰래 찍는 경우도 있다. 이렇듯 똑같은 카메라등이용촬영죄라고 하여도 옷을 입고 있는 모습을 촬영한 것인지, 벗고 있는 모습을 촬영한 것인지, 특수한 각도를 이용한 것인지, 피해자가 무얼 하고 있는 모습을 촬영한 것인지 여부는 모두 죄질이 얼마나 나쁜지를 판별하는 기준이 되는 것이다.

심지어 촬영 횟수가 한 번에 그친 것인지 여러 번인지, 얼마나 오랫동안 이러한 범죄를 저지른 것인지에 따라서도 큰 차이가 있다. 그리고 이렇게 촬영한 영상을 언제 삭제하였는지, 해당 영상물을 자신만 소장하고 있었는지도 따져 본다. 한편 영상물을 타인에게 공유하였는지 여부는 카메라등이용촬영죄의 처벌수위를 정하는 데 있어서 가장 중요한 요소라고 할 수 있다.

따라서 피고인이 초범이고 옷을 입고 있는 영상물이고, 유포가 되지 않았으며, 피해자와 합의가 된 상황이라면 선고유예와 같은 선처를 받을 수 있는 반면, 같은 상황이라고 하더라도 영상이 다수이고 일부 피해자와 합의를 하지 못하였다면 징역형의·집행유예도 예상이 가능하다. 그리고 죄질이 좋지 않은 경우에는 초범이라고 하더라도 당연히 구속이 될 여지가 있으며, 특히 해당 영상을 유출한 경우에는 수사단계에서부터 구속이 될 수도 있다.

성착취물제작죄는 이름이 거창하고 멀게만 느껴지지만 최근 들어 생각보다 흔히 접할 수 있는 범죄 중에 하나이다. 특히 요즘 학생들 사이에서 상대의 몸 사진을 요구하는 경우 발생한다. 성착취물제작죄는 벌금형이 없고, 강한 처벌이 예상되는 범죄이다.

모두가 잘 알고 있듯, 카메라등이용촬영이나 성착취물제작의 피해를 당하게 되면 즉시 해당 증거를 확보하고 신고하는 것이 중요하다. 빠른 신고는 해당 영상이 유포되어 피해가 확대되는 것을 방지하기 위해 반드시 필요하다. 카메라등이용촬영이나 성착취물제작의 피해 신고를 하게 되면 가해자의 휴대전화, 데스크톱, 노트북, 외장하드 및 외부 저장장치를 압수하거나 임의제출로 받아가 포렌식 작업을 하게 되며, 해당 영상이 외부에 유출되었는지 다른 촬영행위는 없었는지에 대해 철저히 수사를 하게 된다.

만약 합의를 할지 여부가 고민된다면, 일단 해당 영상물이 유포되었는지 다른 영상물은 없는지 수사기관에 문의를 한 후에 결과를 알게 된 후에 결정해도 늦지 않다. 그러므로 수사진행 상황에 관심을 갖는 것이 중요하다.

2.

증거는 철저히 보관

　성범죄는 대부분 개방된 공간에서 여러 사람이 있는 때에 일어나지 않고, 폐쇄적인 공간에서 가해자와 있을 때 발생하기 때문에 직접적인 증거를 찾기가 힘들다. 여기서 직접적인 증거라 함은 가해자가 피해자를 폭행이나 협박으로 반항하지 못하게 하여 성기를 삽입하였다거나 피해자의 의사에 반하여 피해자를 추행하였다거나 하는 행위들이 직접 담긴 영상 등 자료를 의미한다.

　아무리 성범죄가 직접적 증거를 찾기 어려운 범죄라고 하더라도 간접증거나 정황증거들은 얼마든지 수집할 수 있을 것이다. 따라서 최대한 많은 증거를 수집해 놓는 것이 피해자에게 유리하다. 예전에는 강간의 경우 정액이 묻은 속옷이나 체내의 정액을 DNA 자료로 채집했다면, 최근에는 이불, 옷과 같은 물품도 증거로 제출하고 있다. 또한 경미한 추행의 경우라 하더라도 상대방이 만진 옷을 증거로 제출하여 그곳에서 추출한 DNA를 채집하는 경우가 늘어나고 있다. 예를 들어 체내에서 정액이 나왔다면 성관계를 했다는 증거가 되며, 이것이 확인된다고 무조건 강간을 당했다고 연결이 되지는 않는다. 같은 논리로 피해자의 옷에서 가해자의 DNA가 나왔다고 했을 때 서로 만난 적이 있다 혹은 접촉한 적이 있다는 직접 증거가 될 수 있을지언정 이것이 바로 추행으로 이어지지는 않는다.

그러나 이러한 증거들은 유의미하다. 실제 있었던 사건을 예를 들어 보자면 피고인 2명이 피해자 1명을 강간하였다는 혐의로 재판을 받게 되었는데 피고인 중 1명인 A가 "나는 피해자의 옷을 벗긴 적이 없고, 강간을 한 사실이 없는 것은 물론 성관계를 한 사실도 없다. 나는 피고인 B가 갑자기 피해자랑 성관계를 하길래 놀라서 옆에서 목격을 한 사실밖에 없다."라고 주장하였다. 그런데 피해자는 피고인 B는 물론 A도 자신을 강간하였다고 강하게 주장하고 있었다. 그런데 피고인 A의 주장처럼 피해자의 체내에서는 피고인 B의 정액은 나왔으나, 피고인 A의 정액은 확인할 수가 없었다. 체내에 삽입을 하였는지에 대해 피해자의 진술에 의문이 가는 대목이었다. 그럼에도 불구하고 피해자의 브래지어 안쪽 컵에서 피고인 A의 DNA가 추출되었다. 이 부분은 피고인이 "나는 피해자의 옷을 벗긴 적이 없다."라는 주장과 배치된다. 따라서 피고인의 무죄 주장은 받아들여지지 않았고, 실형이 선고, 법정구속되는 판결이 내려지게 된 것이다. 이렇듯 DNA 증거는 매우 도움이 될 수 있다.

한편 통화나 대화 녹음은 물론 문자나 메신저 내용 역시 매우 중요한 증거가 된다. 피해자가 피해사실에 대해 화를 내거나 문제제기를 직접적으로 하였더니 가해자가 이를 인정하고 사과를 하는 내용은 물론, 범죄 시점 이후 가해자가 아무렇지 않게 연락을 하는데 피해자가 연락을 피하거나 불편한 내색을 표시 혹은 정상적인 대화가 양자 간에 이루어지지 않고 있다면 이러한 내용도 정황증거로써 사용이 될 수 있다. 또한 어떠한 피해를 입은 당시에 가까운 사람들에게 이야기를 하거나 혹은 피해지원센터의 상담사에게 피해사실을 터놓는 것도 나중에 고소를 할 때 피해사실을 입증하는 강력한 증거가 될 수 있다. 가해자로부터 폭행을 당하였다면 멍이 들거나 긁힌 자국들을 사진으로 찍어 놓자. 그리고 상해를 입었다면 상해진단서를 받아 두는 것도 필요하다. 가해자가 협박을 할 때 들었던 칼이나 위험한 물건 역시 행위가 종료된 후의 상태 그대로 보관하고 있으면 의미가 있다.

　이렇듯 증거는 생각보다 많이 수집할 수 있다. 그럼에도 피해자가 스스로 이러한 증거를 없애는 일을 하기도 한다. 행위 후에 정리를 한다며 이불이나 옷을 세탁한다거나, 가해자가 연락하는 것이 불편하여 피해를 호소하였던 대화를 삭제해 버린다거나 가해자를 차단해 버리기도 한다. 안 그래도 성범죄는 직접적인 증거가 없어서 진술의 신빙성으로 다투게 되는 일이 많은데 자신의 피해사실을 뒷받침해 줄 증거들을 자신의 손으로 다 없애 버렸다니, 매우 안타까운 일이다.

　휴대전화 메신저 대화 내역이나 저장했던 사진, 음성파일 등을 삭제한 경우 휴대전화 데이터 복구업체를 통해 증거를 다시 찾아볼 수도 있을 것이다. 그러나 최근 판매되고 있는 스마트폰은 암호

화폰이 많아 데이터 복구가 잘 되지 않는 경우가 대부분이다. 더욱이 그 휴대전화를 계속 사용한 경우 기존의 데이터의 흔적조차 새로운 데이터로 덮씌워져 더 이상 복구할 수 없게 되는 경우가 많다. 따라서 기존의 자료를 삭제하였다면 최대한 그 휴대전화는 사용하지 않아야 하며, 바로 복구업체에 맡겨 증거로 활용할 파일을 복구할 수 있는지 여부를 확인하는 것이 필요하다.

그리고 고소 후 가해자 측으로부터 연락을 받거나 하는 경우 이러한 내용을 정리해서 제출할 수 있도록 한다. 사건이 진행되는 도중 가해자가 성범죄 피해자에게 연락을 하는 것은 2차 가해가 될 수 있으므로 이러한 증거를 제출하는 경우 가해자에게 더 큰 처벌을 받게 할 수도 있다. 그러므로 가해자와 관련된 모든 자료는 지우거나 회피하지 말고 가지고 있는 편이 유리하다.

연인 간에 발생한 성범죄 사건의 경우 가해자가 구속되는 경우가 많다. 수사단계에서부터 구속당하는 경우도 많고, 징역형이 선고되는 경우도 많다. 그 이유는 가해자가 피해자의 개인정보 및 주변인들을 잘 아는 경우가 대부분이므로 고소를 당한 가해자가 피해자에게 2차 가해를 할 우려가 높다는 점이 반영된 것으로 보인다.

연인 간의 범죄 중에서도 성범죄 사건을 진행하면서 느낀 것은 크게 두 가지인데, 하나는 성범죄 사건의 처벌 수위가 다른 범죄들에 비해 높다는 것이고, 다른 하나는 그에 비해 가해자가 그 심각성을 인지하지 못한다는 것이다. 가해자가 피해자에게 미안함이나 죄책감을 느끼지 않는 경우도 아주 많았다.

그 이유는 아마도 관계의 지속성에서 찾을 수 있을 것 같다. 통상 연인 간의 범죄의 경우 단발성으로 끝나지 않고, 그 강도가 점점 더 세지는 경우가 대부분이다. 예를 들어, 처음에는 싸우다 손을 들어 때릴 것처럼 하는 것으로 끝났다가, 다음번에는 휴대전화기를 던져 부수고, 그 다음은 피해자를 때리고, 강간도 하고, 그 다음은 식칼이나 가위를 들고 와서 죽겠다거나 죽여 버리겠다고 협박을 하고 그다음, 그다음 계속해서 범죄의 강도가 가중된다. 그러면서 두 사람은 사귀었다가 헤어졌다가를 반복하며, 가해자는 "사랑해서 화가 났다.", "사랑했으니까 그런 거다."라는 핑계를 댄다. 그러면 피해자는 가해자의 말을 듣고 안쓰러워 받아 주고 관계가 개선될 것이라 믿고 계속 연인 사이를 유지하며 지내다 보니 악순환이 끊어지지 않는 것이다.

국회에서는 2021년 3월 24일, 스토킹 처벌법이 통과되었다.

스토킹이란 ▷ 상대방 의사에 반해 정당한 이유 없이 상대방 또는 그 가족에 대해 접근하거나 지켜보는 행위 ▷ 우편·전화·정보통신망 등을 이용해 물건이나 글·영상 등을 도달하게 해 상대에게 불안감 또는 공포심을 유발하는 행위를 뜻한다.

이번 스토킹 처벌법으로 3년 이하의 징역이나 3,000만 원 이하의 벌금에 처해질 수 있도록 하였고, 만약 흉기 등 위험한 물건을 이용하여 스토킹을 하는 경우에는 5년 이하의 징역이나 5,000만 원 이하의 처벌을 받을 수 있게 되었다.

어떠한 행위가 스토킹 범죄에 해당할지 아니면 단순 구애나 연인 간의 다툼과 화해의 한 행위에 불과할지는 앞으로 해석의 여지가 많이 남겨 있는 것으로 보인다. 따라서 이러한 일에 연루된다면 전문가의 도움을 받아 대응하길 권한다.

3.

기억은 최대한 자세히

    사람의 기억이란 주관적이며 휘발성도 강하다. 말로 여러 번 반복해서 말하다 보면 점점 더 기억이 편집되거나 왜곡되기도 쉽다. 형사 사건을 하다 보면 사람에 대해 생각하게 될 때가 많다. 예를 들자면 피해자와 가해자, 그리고 목격자까지 있는 경우를 예를 들어 보자. 피해자는 자신이 입은 피해가 큰 것으로 인식한다. 누군가 머리를 때렸다고 할 때 있는 힘껏 내리친 모습으로 기억한다. 1분 동안 맞았다고 한다면 악몽 같은 일이므로 최소 3분은 되는 것으로 기억할 수도 있다. 반면 가해자는 피해자를 몇 번 툭툭 쳤다고 생각할 것이다. 인간은 누구나 자신에게 유리한 방식으로 사건을 기억한다. 무조건 거짓말을 하고 있다고 이야기하기도 어려운 것이 몇 번 그렇게 말을 하고 그 얘기를 자신의 귀로 듣고 반복하다 보면 실제로 기억이 그렇게 점점 왜곡되어 저장되는 경우가 많다.

심지어 이 사건과 무관한 목격자도 100% 사실을 말하지 못한다. 그래서 간혹 피해자, 가해자, 목격자 세 사람의 진술이 많이 다른 경우가 발생하는 것이다. 간혹 CCTV영상 등이 공개되는 경우 세 사람의 기억과는 전혀 다른 모습이 찍혀 있기도 하기 때문이다. 참 신기한 일이다. 그렇다고 세 사람이 모두 거짓말을 하고 있다고 생각하지는 않는다. 그만큼 사람은 주관적인 개체이고 기억이란 편집되기 마련이며 자기보호본능을 가지고 있기 때문이다.

다시 말해 사람의 기억은 변형되기 쉽다. 그리고 기억은 휘발성이 강하므로 점점 더 흐리게 상황을 기억할 수밖에 없다. 따라서 수사에서는 첫 조사를 매우 중요한 진술로 보고 있다. 조사의 과정은 이렇다.

피해자 조사를 하고 필요하면 참고인 조사도 한다. 이후 피의자를 불러 조사를 하고 피의자가 피해자의 진술과 다른 사실을 진술한 경우 피해자에게 다시 그 내용을 질문하고 확인한다. 그리고 피의자를 다시 불러 조사를 하고, 필요하면 대질 조사도 한다. 그런데 이런 일련의 과정이 일주일 안에 모두 일어나는 것은 아니다. 빠르면 한 달 내, 길게는 수개월 만에 불러서 비슷한 질문을 다시 물어보기도 한다. 심지어 공판단계에서 증인으로 불러 물어본다고 하면 처음 고소를 하고 1년이 지나서 똑같은 소리를 다시 해야 할 수도 있다. 문제는 시간이 많이 흘러 기억이 잘 나지 않는다는 것이다. 심지어 '피의자는 당시에 ○○○○였다고 하는데, 아닌가요?', '피의자는 당시에 피해자가 ○○○○라고 했다던데 아닌가요?' 이런 질문을 몇 번 받다 보면 '내가 그런 적이 있나?' 싶기도 하고, 그런 얘기를 했던 기억이 나면 '지금에 와서 그 말을 인정하면 나에게 불리하지 않을까?', '가해자가 한 이야기가 맞다고 하면 내 말에 신빙성이 없어지는 거 아닐까?' 등등 온갖 생각이 다 들고 머릿속이 복잡해질 것이다. 이러한 과정을 몇 번 거치다 보면 점점 기억이 왜곡되기 시작한다.

그러므로 피해를 당하고 최대한 기억이 생생한 때에 당시 상황에 대해 구체적으로 메모를 해서 정리해 두는 게 중요하다. 그래야 조사를 받는 과정에서 기억에 혼돈을 줄일 수 있고, 일관성 있는 진술을 할 수 있게 되는 것이다. 당시 상황에 대한 것은 육하원칙에 따라 그림으로 그리듯이 생생하게 기록해야 한다. 오른손인지 왼손인지, 당시 공간의 모양은 어땠는지, 몇 층에서 일어난 일인지, 그때가 대충 몇 시쯤이었는지, 몇 시쯤인지 아는 이유는 무엇인지 등등 누가 들어도 이해가 쉽게, 소설책에서 한 장면을 묘사하듯이 아주 세세하게, 영상이 그려질 정도로 말이다.

내가 자주 하는 말이지만 하늘이 알고 땅이 알아도 판사가 모르면 모르는 거다. 그러므로 하늘이 알고 땅이 아는 일을 판사도 알게끔 눈에 생생히 그려질 수 있을 정도로 구체적이고 일관되게 주장할 수 있도록 기억을 잘 정리해 두는 것이 그만큼 중요한 것이다.

시간이 흘러 자신의 기억이 잘못되어 있는데, 계속 자신의 주장만 관철하다 전혀 다른 증거가 나와 버리면 당신의 주장에는 힘이 없어진다. 이러한 일이 벌어지지 않도록 기억이 명확한 때, 하루라도 빨리 기억을 객관적으로 기록해 두어야 한다.

◆ 디지털성범죄(카메라등이용촬영, 성착취물제작 등)에 관하여

디지털성범죄는 디지털 기기와 온라인을 활용한 성범죄를 지칭하고 있다. 디지털화된 영상이나 사진 및 정보들은 온라인을 통해 급속도로 퍼져 나갈 수 있기 때문에 다른 범죄들과 큰 차이가 있다. 누군가 추행을 하였다거나 하는 건 범죄행위 당시에 한정되지만 관련 영상이 촬영되어 유포된다면 평생 피해가 반복·확대·재생산될 위험이 큰 것이다.

얼마 전 어떤 여자고등학교에서 학부모들과 만나는 자리가 있었는데, 학생들이 이성교제를 하면서 놀이나 추억처럼 성관계 영상을 촬영하는 경우가 있으니 절대로 그런 행동을 하지 말도록 교육을 시켜 달라고 당부한 적이 있다. 학부모들은 '우리 아이가 그럴 리가! 상상도 해 본 적이 없다.'라는 반응이었다. 요즘 어린 친구들은 밥 먹을 때 휴대전화를 열어 음식 사진을 찍듯이 사진을 찍는 게 일상화가 되어 있고, 실제로 촬영에 있어서 큰 거리낌이 없다. 그러다 보니 연인 사이에서 동의하에 영상을 찍기도 하고 사진을 찍어 전송해 주는 경우도 적지 않다.

당시에는 큰일이 아니라고 생각하더라도 어른이 되고 나면 해당 영상이 유포되지는 않을지 불안함에 떨 수 있다. 실제로 이런 경우를 너무나 많이 봤다. 그래서 항상 여학생이든 남학생이든 불문하고 절대로 추후에 문제가 될 만한 영상이나 사진은 촬영하면 안 된다고 신신당부를 하고 있다. 해당 영상물이 유포될 경우 관련 영상물을 온라인에서 모두 삭제하는 것이 사실상 불가능해질 수밖에 없고, 유포가 되지는 않았어도 언젠가 유포되지 않을까 불안에 떨 수밖에 없다. 남학생 입장에서도 마찬가지다. 분명히 동의하에 촬영을 하고 삭제를 하였음에도 수년이 지나 갑자기 고소를 당해 주거지에서 압수수색을 당하거나 피의자로 조사를 받게 되는 경우가 흔하다. 그러니 애초에 문제가 되는 영상이나 사진은 촬영을 하지 않아야 하고, 이런 내용을 널리 알려야 한다.

최근 채팅을 통해 알게 된 상대에게 신체 사진을 요구하는 경우 성착취물 제작 혐의가 적용되는 경우가 적지 않다. 아청법은 아동·청소년성착취물을 제작·수입·수출한 자를 무기징역 또는 5년 이상의 유기징역에 처하도록 규정하고 있다.

피해자가 성인이고 연인이나 특수한 관계인 경우에는 특정 신체 부위를 가리키며 'ㅇㅇ 사진 보내 줘.'와 같은 말을 하여 해당 부위 사진을 받는다고 해도 크게 문제가 되지는 않을 것이다.[7] 그러나 피해자가 미성년자인 경우, 강요나 협박도 아니고 단순히 '사진 보내 줘.'라는 말을 하였다고 하더라도 성착취물 제작죄가 성립한다.

최근에는 노예놀이라고 하여, 채팅을 통해 일방이 시키는 대로 행위를 하는 '놀이'가 미성년자들 사이에서 횡행하는 것 같다. 그러나 장난이나 놀이라는 핑계를 대고 위와 같은 혐의를 벗기는 어렵다. 대부분 한두 번의 대화, 그리고 사진 전송만으로도 기소되고, 심지어 가해자가 같은 미성년자인 경우에도 형사재판을 받게 되는 경우가 적지 않다.

실제로 진행했던 사건에서 피해자가 신고를 하지도 않았고, 심지어 조사를 받으면서도 "그건 놀이예요. 가해자가 저에게 강요한 것도 아니고요. 그런 사진을 보내 달라면 보내 주면서 노는 거예요."라는 진술이 있었으나 유죄로 인정된 사례도 있었다. 심지어 이 사건에서 피해자와 가해자는 모두 중학생이었다. 그럼에도 가해자는 중형을 선고받았다.

---

7   이때 피해자가 거절하는데 억지로 사진을 보내도록 하였다면 강요죄가 성립할 수는 있다.

피해자가 성적으로 착취당한 것이 아니라고 진술하는 경우에도 해당 범죄가 성립되어 가해자를 처벌하는 이유는 그만큼 피해가 확대될 수 있기 때문일 것이다. 피해자는 아직 미성년자여서 자신이 촬영한 신체의 사진이 유포될 위험성을 인지하거나 성적수치심과 같은 개념이 아직 확립되지 않았을 가능성이 매우 높다. 실제로 어린 시절 장난으로 성관계 영상을 동의하에 촬영한 후 수년이 흘러 남자친구가 해당 영상을 유포했을까 봐 두려움에 신고를 하는 경우도 적지 않다.

따라서 어떠한 강요에 의한 것인 때는 물론, 단순히 호기심이나 놀이라는 이유로 자신의 신체를 촬영하여 전송하여서는 안 되며, 그러한 일이 발생하는 경우 최대한 빨리 경찰에 신고를 하도록 하여야 한다.

디지털 성범죄는 유포나 복제가 쉬워 한 번 퍼지게 되면 모두 삭제하는 것이 거의 불가능하며, 이는 시간이 오래되면 오래될수록 더더욱 돌이킬 수가 없어지기 때문이다.

4.

경찰 조사는 변호사와 함께

　피해자에게 제일 중요한 일이자 변호사에게 가장 번거로운 일은 경찰 조사, 검찰 조사에 동석하는 것이다. 통상 피해자 조사는 경찰단계에서 한두 번으로 끝나기는 하나 진술이 첨예하게 엇갈리거나 누구 말이 맞는지 의심스러울 때는 검찰에서 조사를 추가로 하기도 하고 대질신문을 하기도 한다. 이러한 경우 출석하여 조사를 받아야 하는데, 이때 변호사의 조력을 받는 것이 매우 중요하다. 그러므로 몇 가지를 강조해서 이야기하고 싶다.

　피해자진술조서를 확인하면 피해자가 혼자 출석해서 조사를 받았는지 변호사와 동행을 하였는지 그 변호사가 사선인이 국선인지도 다 알 수 있다. 그런데 아직까지도 많은 경우 혼자 조사를 받는 일이 많다. 변호인 입장에서 봐도 그렇고, 사건이 어느 정도 진행된 후 피해자와 상담을 하거나 하더라도 혼자 조사받았다는 이야기를 많이 듣기 때문이다. (피해자)국선변호사가 선정이 되어 있는데 왜 혼자 조사를 받았는지 물어보면, 변호사님이랑 연락이 잘 안 됐다거나 바쁘신 것 같아서 그리고 간단한 건이라고 생각해서 혼자 조사를 받고 왔다고 이야기를 많이 한다. 사선변호사를 선임한 경우에 조사에 동석하지 않는 경우는 거의 없기 때문에 국선변호사로 한정하기는 하였으나 사선이든 국선이든 조사를 받을 때 동석하는 건 가장 기본적인 업무로 생각하는 게 좋다.

조사에 동석해야 추가로 확인해야 할 내용이나 제출해야 할 증거가 정리된다. 변호사가 조사를 받을 때 옆에서 그러한 내용을 확인하고 의견서를 추가로 내거나 증거에 설명을 더해 제출할 수 있다. 이런 걸 피해자가 직접 할 수 있지 않나 싶을 수도 있을 것 같다. 그러나 범죄에는 구성요건이 있고, 직접 증거와 간접 증거가 있으며 범죄가 성립하기 위해 최근 판례에서 쟁점이 되었던 부분까지 모두 숙지하고 있는 비법률가는 없을 것이다. 조사에 동석해 보면 수사관이 질문하는 데에는 다 이유가 있는데 피조사자는 자기가 하고 싶은 말만 하고 자기가 이해한 대로 대답하는 경우가 대부분이다. 따라서 객관적으로 사건을 파악하고 전문적으로 이해 및 정리를 해 주는 사람의 도움을 받는 게 필요한 것이다. 국가가 무료로 변호사까지 선임해 주는 데는 합의연락을 대신 받아 주라는 게 아니라는 걸 반드시 이해해야 한다.

그런데 왜 일부 변호사는 "고소장에 자세히 정리해서 냈으니 조사는 혼자 받으셔도 된다."라거나 "사안이 간단하니까 그냥 혼자 다녀오셔라."라고 말하는 걸까? 그 이유는 간단하다. 조사 동석이 너무 귀찮고 피곤하며 시간이 많이 걸리고 지루한 일이기 때문에 가기 싫어서 그런 것이다. 경찰 조사참여는 한번 들어가면 보통 3시간 정도는 걸린다고 예상해야 한다. 아주 단순한 사건은 1시간 정도로 끝나는 경우도 있지만 복잡한 사건은 5시간 넘게 진행되기도 한다. 왔다 갔다 하는 시간 생각하면 시간도 많이 잡아먹는 데다가, 진술은 피조사자 본인이 하는 것으로 변호사는 대부분의 시간을 옆에서 듣고만 있어야 하며, 가만히 앉아서 얘기를 계속 듣다 보면 시간도 아깝고 온몸이 쑤시면서 피곤하기만 하다. 그리고 왔다 갔다 하는 시간까지 더하면 하루를 다 날리는 경우도 많다. 그러니까 변호사들은 수사참여를 제일 번거로운 일로 여길 수밖에 없다.

그러나 변호사가 동석하면 피해자가 수사관의 질문을 잘못 이해한 경우 옆에서 설명을 해 줄 수도 있고 잘못 진술하는 경우 잠시 휴식시간을 요청하고 논의를 하며 조사에 즉각적으로 도움을 받을 수도 있다. 간혹 수사관이 어떠한 질문을 반복하며 재차 확인하는 경우가 있는데, 피해자가 전혀 다른 진술을 하는 경우, 수사관이 그렇게 재차 확인을 하는 데는 그만한 증거가 있기 때문인 경우가 많다. 그런데 그러한 상황파악을 못한 상태에서 계속해서 자신의 주장을 관철하게 된다면 추후 진술의 신빙성에 문제가 생길 수도 있다. 그러므로 변호사가 옆에서 이러한 내용을 확인해 주어야 하는 것이다.

피해자가 처음부터 증거를 제출하지 않고 3차 경찰 조사가 진행된 후에야 겨우 증거를 제출한 사건이 있었다. 아무리 봐도 변호사의 도움을 받은 흔적이 없었다. 무엇이 필요한 증거인지 자신의 진술을 뒷받침할 증거가 있는지 없는지도 전혀 감을 못 잡고 경찰서에 가서 진술만 하며 자신이 피해를 입은 날짜조차 제대로 특정하지 못했다. 상황이 그렇다 보니 피해자를 총 세 번이나 경찰서에서 부른 것이었다. 그제야 피해자는 증거를 수사관 이메일로 제출하였는데, 그나마도 제대로 제출이 안 된 상태였다. 컴퓨터 파일 메모장을 제출했다고 하는데 언제 생성된 날짜인지도 모르겠는 것을 증거로 제출했다. 그리고 자신의 주장을 뒷받침할 수 있는 객관적인 증거라고 볼 수 없는 것들을 제출했다. 참 답답했다. 굳이 (피해자)국선변호사 선정도 마다하고 자신의 주장만 피력하는 것이다. 자신의 생각이 옳기 때문에 쉬운 싸움이라고 생각하는 걸까? 단순히 법에 무지하다면 전문가에게 기대기라도 하는 것이 이로울 것이다.

결국 그 사건은 피해자가 주장하는 피해 사실 중 하나만 기소가 되었고, 나머지는 다 혐의없음 처분을 받았다. 그나마 기소된 사실에 대해서도 무죄를 주장하며 다투고 있고 아마도 무죄가 나올 확률이 높아 보이는 사건이다. 뒷받침할 증거가 아무것도 없기 때문이다. 그리고 수사단계에서 적절한 시기에 증거를 제출하지 않은 점은 공격의 대상이 될 수밖에 없다. 조사를 수차례 받으면서 자신에게 불리하다고 생각되니 3차 조사를 받은 이후에야 증거를 만들어서 제출한 것이 아니냐는 공격이 얼마든지 가능한 사안으로 보인다. 이건 상식적인 얘기다. 가해자 측 역시 자신에게 유리한 증거가 있다면 적시에 제출해야 한다. 아껴 뒀다가 나중에 낸다면 자신에게 불리하기만 한데, 그럴 이유가 전혀 없기 때문이다.

  그러므로 적시적소에 변호사의 도움을 받아야 한다. 변호사가 조사 혼자 다녀오라고 하면 같이 가 달라고 요청하고, 연락이 잘 안 되거나 바쁜 일정이 있다고 하면 변호사와 일정을 상의해서 변호사가 갈 수 있는 일정으로 변경을 해야 한다. 수사관이 조사를 독촉하는 경우가 있는데, 변호사 일정으로 인해 조사가 미뤄지는 것은 어쩔 수 없는 것이므로 이에 대한 이야기를 진지하게 할 필요가 있다. 어영부영 눈치 보면서 대충 혼자 조사받으러 가지 마시길 당부드린다.

◆ 강간 민사상 손해배상 인정 범위

① 피고 A는 원고 X의 얼굴을 때리는 등으로 위협하여 원고의 반항을 억압한 다음 간음하여 원고를 1회 강간하였다는 공소사실로 징역 4년의 형을 선고받았다.

② 피고 B는 채팅어플로 알게 된 원고 Y와 함께 술을 마시다가 술에 만취한 원고를 강간하기로 마음먹었다. 피고는 원고의 몸을 눌러 반항하지 못하게 한 후 자신의 성기를 원고의 입에 집어넣고, 원고가 "안 하고 싶다. 집에 가고 싶다."라고 말하면서 팔로 피고의 가슴과 어깨를 밀었음에도 불구하고, 반항하지 못하게 한 후 2회 간음하여 징역 3년의 형을 선고받았다.

민사재판은 형사재판과는 다르다. 형사재판에서 유죄가 인정되었다면 불법행위가 인정되기 쉽지만, 형사재판에서 반드시 유죄가 인정되지 않더라도 특별한 사정이 있는 경우 불법행위가 인정될 수도 있다. 대법원은 **"민사재판에 있어서는 형사재판에서 인정된 사실에 구속을 받는 것은 아니라 할지라도 이미 확정된 관련 형사 사건의 판결에서 인정된 사실은 이를 채용할 수 없는 특별한 사정이 나타나 있지**

않는 이상 유력한 자료가 되어 이를 배척할 수 없다."라며 형사 사건에서 유죄로 인정된 사건의 피해자에게는 불법행위로 인한 손해를 입은 것으로 볼 수 있다는 취지로 판시한 바 있다.[8]

따라서 형사 사건에서 유죄 선고를 받은 피고인이 자신의 억울함을 내세워 민사법정에서 다툰다고 하더라도 새로운 증거를 제출하는 등 특별한 사정이 없는 한 받아들여지지 않을 것이다. 따라서 범죄 피해자는 형사재판에서 판결문을 원용하여 민사재판에서 불법행위를 입증할 수 있게 된다. 다만 피해금액을 입증하는 것은 원고에게 책임이 있기 때문에 불법행위만 입증해서는 손해배상을 받을 수 없고, 해당 불법행위로 인해 자신이 얼마만큼의 손해가 발생하였는지를 입증하는 절차가 필요하다. 손해배상은 쉽게 말해, 돈을 달라는 취지이기 때문에 해당 불법행위의 손해가 청구금액에 해당한다는 입증도 추가로 해야 하는 것이다.

한편 형사 사건에서 형량이 높다고 꼭 그에 비례해서 손해배상 금액이 인정되는 것은 아니다. 높은 형을 인정받고도 오히려 상대적으로 낮은 배상액이 인정되는 경우도 적지 않다. 대법원은 "**불법행위로 인한 위자료를 산정함에 있어서는 피해자의 연령, 직업, 사회적 지**

---

8   대법원 94다39215 판결 등 참조.

위, 재산 및 생활상태, 피해로 입은 고통의 정도, 피해자의 과실 정도 등 피해자 측의 사정에 가해자의 고의·과실의 정도, 가해행위의 동기와 원인, 불법행위 후의 가해자의 태도 등 가해자 측의 사정까지 함께 참작하는 것이 손해의 공평부담이라는 손해배상의 원칙에 부합하고, 법원은 이러한 여러 사정을 참작하여 그 직권에 속하는 재량에 의하여 위자료 액수를 확정할 수 있다."라고 판시한 바 있다.[9]

위 ①의 경우, 법원은 "피고는 위 강간 범행 사실을 부인하고 있으나, 피고에 대하여 확정된 형사판결에서 피고가 위 강간범행을 저지른 사실이 인정되었고, 그 형사재판과정에서 피고가 원고에 대한 강간범행을 자백하였던 점까지 고려하여 보면, 피고가 원고에게 이 사건 강간의 불법행위를 저지른 사실을 넉넉히 인정할 수 있다. 따라서 피고는 원고에게 이 사건 강간으로 인하여 원고가 입은 정신적 고통에 대하여 위자료를 지급할 책임이 있다."라고 하였다.

그러면서, "피고는 성매매를 한 다음 약속한 대가를 지급하지 않고 성관계를 계속 요구하고 원고가 이를 거부하자 위협·폭행하여 강간한 점, 이 사건 강간 범행 당시 20대 초반에 불과한 원고는 오

---

9   대법원 2007다77149 판결 등 참조.

랜 기간 동안 이 사건 강간 범행으로 인한 정신적 충격과 고통을 겪을 것으로 보이는 점, 피고는 원고에게 어떠한 피해회복을 위한 노력조차 하지 않은 것으로 보이는 점 등을 고려하면, 피고가 원고에게 지급할 위자료 액수는 3,000만 원으로 정함이 상당하다."라고 하였다.

한편 ②의 경우, 법원은 "피고가 원고에게 지급하여야 할 위자료 액수에 관하여 보건대, 피고의 불법행위의 경위 및 내용, 원고과 피고의 나이 및 관계, 피고에 대한 형사처벌의 정도, 원고가 입은 정신적 고통의 정도, 불법행위 이후의 정황 등 변론에 나타난 여러 사정을 참작하여 8,000만 원으로 정한다."라고 하였다. 형사 사건에서 적은 형을 받은 ②사건에서 배상액은 오히려 훨씬 높게 인정된 것이다.

형사재판의 경우, 피고인에게 전과가 있는지 범행 수법이 잔혹한지, 피해자가 여럿인지 혹은 피해자가 입은 피해가 심각한지 등 여부를 따지면서 주로 피고인이 어떤 사람인지를 살피는 경우가 많다. 재범의 우려가 있는지, 이 사람을 강하게 처벌할 필요가 있는지, 선처해 줄 이유가 있는지에 중점을 두기 때문이다.

그러나 민사재판의 경우, 해당 피해자가 불법행위로 인해 얼마만큼의 피해를 입었는지가 중심이다. 따라서 피고인 가해자에게 전과가 많아 강한 처벌이 내려졌다고 하더라도, 원고인 피해자 본인에 대한 피해가 어느 정도인지를 따져 그 피해액과 위자료 등을 결정하게 되는 것이다.

따라서 형사 사건이라면 피고인이 강한 처벌이 예상되는 경우, 더 많은 합의금을 주고라도 합의를 하려고 하는 경향이 강하다. 그러나 민사 사건의 경우에는 반드시 피고인의 처벌수위와 비례하여 손해액이 자동으로 추정되지는 않으며, 원고인 피해자가 피해 금액을 어디까지 입증할 수 있는지가 더 중요한 것이다.

5.

피해자보호를 위한 절차를 적극 활용

성범죄 피해자는 신분이 노출되는 것을 막고 보복을 당할 위험 등을 방지하기 위해 가명으로 조사를 받고 가명으로 모든 자료에 가명처리를 할 수 있도록 하고 있다. 다시 말해 실명, 나이, 주소, 직업 등 신원을 알 수 있는 사항은 조서나 관련 서류에 기재하지 않으며 서명 역시 가명으로 하고, 도장 날인 역시 손도장인 무인으로만 하도록 하는 것이다. 이러한 경우 피해자 정보는 신원관리카드에 기재하여 검찰에 보관된다.

만약 피해자가 초기 진술에서 실명으로 조사를 받았다고 하더라도 이후 가명처리를 요청할 수 있으며, 가해자와 피해자가 친밀한 사이로서 서로 개인정보를 어느 정도 아는 경우라 하더라도 가명처리를 요청하는 데 아무런 지장이 없다. 따라서 언제 누군가가 내가 성범죄 피해자가 된 사실을 알게 될까 걱정이 된다면 수사단계부터 가명처리를 요청하는 것을 추천한다.

통상 피해자가 실명으로 조사를 받는다고 하더라도 피고인 측은 수사기록에서 피해자에 대한 정보를 유출하지 못하도록 되어 있다. 그러나 마음만 먹으면 피해자 측의 연락처를 암기하거나 따로 필기하거나 사진을 찍어 유출을 시킬 수 있기 때문에 가명처리가 의미 있는 것이다. 사건이 기소된 후 피고인 측이 수사기록을 복사해 올 때는 검찰이 피해자나 참고인 등에 관한 정보를 잘 지웠는지 일일이 검수하고, 펜 등으로 지운 경우 혹여 펜을 지우거나 하는 등으로 피해자의 정보가 유출될 것을 막기 위해 커터칼로 해당 부분을 파 버리는 경우도 적지 않다.

이렇듯 피해자 정보 유출을 방지하기 위해 수사기관이 노력을 한다고는 하나 피고인 측에서 마음먹고 피해자의 정보를 유출하거나 이를 이용하여 연락을 하는 경우도 적지 않았다. 예전에는 피해자의 개인정보만 알면 공탁이 가능하기도 했었는데, 피해자의 동의 없이 피해자의 개인정보를 취득하여 일방적으로 공탁을 해 버리는 일도 없지 않았었다. (물론 이러한 행태를 방지하기 위해 피해자의 동의 없이는 가족이라 하더라도 형사공탁이 불가능하도록 바뀌었다.)

피해자가 병원진단서와 같이 실명이 기재되어 있는 자료를 증거로 제출한다 하더라도 수사기관은 실명 부분을 가명으로 처리하거나 실명 부분을 삭제하여 보관한다. 따라서 어쩔 수 없이 실명이 기재된 자료를 제출한다 하더라도 가명처리로 사건을 진행한다면 한층 안심할 수 있게 되는 것이다.

여담이지만 우리 사무실에서는 모든 피해자에게 가명처리를 요청하였는데, 모두 같은 가명을 사용하고 있다. 그 이유는 가명처리를 한 경우 피해자의 실명으로 사건을 확인할 수 없기 때문이다. 만약 실명도 아닌데 가명을 각각 다 다르게 정한 경우 의뢰인의 실명, 해당 사건에서 사용하는 가명 등이 헷갈릴 수 있고, 수사기관이나 변호인 측이 연락을 했을 때 우리가 담당하고 있는 사건인지 한 번에 파악하기 편하다는 장점이 있다. 이러한 이유로 우리 사무실의 모든 피해자는 같은 가명을 쓰고 있고, 이러한 점에 대해 의

죄인들이 불만을 가진 적은 단 한 번도 없었다.

◆ 준강간 민사상 손해배상 인정 범위

- 불법행위 손해배상 청구 소멸시효 주의

① 피고 B는 서울 강남구 ○○주점 종업원으로 근무하던 중 손님으로 온 원고 A가 술을 마시다 술에 만취하자 A를 모텔로 데리고 간 후 간음을 하였다는 이유로 준강간죄로 기소되었고 징역 3년의 형이 확정되었다.

② 피고 D는 같은 회사에 다니던 직장동료 원고 D가 술에 만취해 모텔에서 잠든 것을 이용하여 준강간을 하였다는 혐의로 재판을 받아 징역 2년 6월을 선고받고 확정되었다.

법원은 "피고는 원고에게 불법행위에 해당하는 준강간 범행을 저질렀고, 그로 인하여 원고가 상당한 정신적 고통을 받았음은 경험칙상 명백하므로 피고는 원고에게 그에 대한 위자료를 지급할 의무가 있다."라며, 법원은 ①의 경우 3,000만 원의 위자료를, ②의 경우 4,000만 원의 위자료를 각 인정하였다.

②의 경우 위자료 금액이 더 높게 나온 이유에 대해 법원은 '원고와 피고의 관계, 이 사건 준강간 행위의 태양, 원고가 받았을 정신

적 충격의 정도, 불법행위 이후의 정황' 등을 참작하였다고 설시하고 있는데, 구체적으로는 준강간의 피해자인 원고가 계속하여 병원에서 상담치료를 받고 있는 점, 피고가 형사재판에서 자신의 범죄 혐의를 계속 부인하면서 무죄주장으로 일관했던 점, 원고는 피고와 같은 직장에 다니던 기간 중에 준강간 피해를 당하였고, 이로 인해 퇴사를 하게 된 사정 등이 참작되었다.

이렇듯 같은 범죄 혐의가 같고 징역형에 큰 차이가 없는 사건이라 하더라도, 원고가 어떠한 손해를 얼마나 입었는지 등을 적극적으로 주장하고 객관적으로 입증하여야 민사소송에서 유리한 결과를 얻을 수 있다.

한편, 민사상 손해배상청구에는 소멸시효라는 것이 있다. 손해배상의 청구는 손해를 안 날로부터 3년 내에 해야 한다. 원고가 2016년 4월경 피고로부터 유사강간 피해를 당하여 2018년경 형사고소를 하였는데, 이후 2019년 9월경 피고는 혐의가 인정되어 1년 6개월에 집행유예 2년을 선고받은 사안이 있다. 원고는 형사 사건의 판결이 확정된 후인 2019년 10월경 피고를 상대로 정신적 손해배상금 5,000만 원을 청구하는 소를 제기하였다.

이 사건에서 피고는 '원고의 손해배상 청구는 원고가 손해를 안 날인 2016년 4월경부터 3년이 지난 시점인 2019년 4월경에 시효로 소멸하였다.'라고 주장하였다. 이에 원고는 '관련 형사 사건이 계속 진행 중이었고, 변호인이 2018년경 원고 측 대리인 변호사에게 합의의사가 없는지 문자로 질의한 것이 있어, 이것이 시효의 중단 사유에 해당하기 때문에 원고의 청구권이 소멸된 것이 아니다.'라는 주장을 하기도 하였다.

이에 대해 법원은 "원고는 이 사건 유사강간으로 인한 불법행위로 한 손해 및 가해자를 안 날은 2016년 4월경으로 보아야 한다. 그리고 이 사건 문자 메시지는 그 작성주체, 수신대상, 그 내용이 모두 피고의 이 사건 유사강간 범죄에 대한 형사 사건의 변호인이 원고의 형사 사건에서 법률상 대리인에게 형사 사건에서의 합의나 피고의 형사절차에서의 선처에 관한 의향을 묻는 것인 점, 그 과정에서 구체적인 지급 액수나 손해의 내용에 관한 쌍방 간의 언급은 일체 없었던 것으로 보이는 점, 피고도 이 사건 메시지를 전후에 원고에게 돈을 공탁한 바는 없었던 점을 종합해 보면 이를 명시적 또는 묵시적 채무의 승인 또는 소멸시효 이익의 포기라고 볼 수 없다."라며, "이 사건 유사강간으로 인한 불법행위 채무는 소멸시효가 완성되었다고 할 것이므로 원고의 청구를 기각하기로 한다."라고 판시하였다.

결국 형사소송이든 민사소송이든 최대한 빨리 진행하여야 한다. 법은 '권리 위에 잠자는 자를 보호하지 않는다.'라는 대원칙을 품고 있다. 위 사건에서 원고는 형사 사건에서 합의를 하지 않고 민사 사건에서 5,000만 원의 배상금을 받을 생각이었겠지만 결국 피해 배상을 한 푼도 받지 못하고 오히려 소송을 하기 위한 비용만 추가적으로 지출하게 된 셈이다. 이러한 일이 발생하지 않도록 오래 지난 사건에 대해 고소하고자 하는 경우, 민사상 손해배상이 가능한지 여부에 대해서도 반드시 전문가의 도움을 받아 확인을 하고 진행하는 것이 바람직하다.

6.

변호인은 적인가?

성범죄 사건에서 가해자와 피해자의 접촉을 극도로 차단하고 있다. 2차 가해가 될 수도 있기 때문이다. 이러한 이유 때문에 성범죄는 아동 학대 사건과 더불어 (피해자)국선변호사를 선임하도록 하여 직접 연락을 하지 못하도록 보호하고 있다.

그러므로 가해자 측은 피해자에게 직접 연락할 수 없고, 심지어 (피해자)국선변호사가 선정되어 있지 않은 경우에는 연락을 취할 방법이 전혀 없는 상황에 놓이기도 한다. 상황이 이렇다 보니 가해자는 모든 범죄를 인정하고 있는 때에도 피해자와 합의를 하기 위해서라도 변호사를 변호인으로 선임하는 경우가 적지 않다.

따라서 가해자가 변호인을 선임하였다고 하여 피해자가 한 고소 내용에 대해 강하게 반박하려 한다고 짐작하거나 변호인 선임 자체에 대해 너무 민감하게 생각할 필요는 없다. 당연히 상대방이 변호인이라는 전문가의 도움을 받아 사건을 해결하기로 한 것은 맞으나 그것이 있는 죄도 없게 만든다거나 하는 요술을 부릴 수는 없기 때문이다. 성범죄야말로 변호인 선임이 가장 필요한 분야이기 때문에 상대방으로서는 최선을 다해 사건에 임하고 있을 뿐이다.

그러므로 상대방이 변호인을 선임하였다고 하여 무조건 적대적으로 대할 필요는 없으며, 본인이 원하는 것을 잘 정리하여 전달하면 된다. 변호사는 자신에게 주어진 일을 하는 것이므로 상대적으로 감정적이지 않으니 대부분 원만하게 소통이 가능할 것이다.

한편 변호인이 선임되지 않은 경우 가해자가 직접 당신이나 가족에게 연락을 하거나 주거지 혹은 직장에 찾아올 수도 있다. 무엇을 하면 되고 무엇을 하면 안 되는지에 대한 정보가 없기 때문일 것이다. 따라서 변호인이 선임되어 있는 경우에는 변호인에게 강력히 항의하여야 하며 이는 대리인이 선임되어 있으면 대리인을 통해, 대리인이 선임되어 있지 않다면 직접 할 수도 있다.

언젠가 피고인을 변호하며 재판부의 허락을 받아 피해자에게 연락을 한 적이 있었다. 피해자는 자신이 불법촬영의 피해를 당한 사실에 대해 전혀 모르고 있었는데, 이러한 사실을 알리고 용서를 구하고자 연락을 했다. 이런 연락은 변호사 입장에서도 참 힘들다. 내가 잘못한 것도 아닌데 피해자가 원하는 시간에 찾아가 읍소하고 상황을 설명하며 같이 피고인 욕도 해 주고 화를 달래 피해자가 원하는 내용을 귀담아 잘 들어 주어야 한다. 처음 연락했을 때 피해자는 나를 적대적으로 대했다. 그러나 만나서 진솔하게 이야기를 나누었고, 굳이 나에게 적대적인 감정을 느낄 이유가 전혀 없음을 깨달았다. 나는 사실을 전하는 사람일 뿐이고 피해자가 합의해 주기 싫으면 안 해도 아무 상관이 없는 변호사이기 때문이다. 그래서 함께 어쩌다 이런 일이 생긴 건지, 같이 욕도 하고 일하기 힘들겠다, 나도 예전에 이런 일이 있었는데 정말 기가 막혔다. 그런데 어쩌겠나, 피고인이 굳이 날 선임한 건 이렇게 당신과 내가 편하게 이야기할 수 있도록 배려를 한 것이라고 그저 오늘 내 이야기를 듣고 합의는 천천히 생각해도 된다. 어차피 합의는 항소심까지 가능한데, 더 속 태우고 싶으면 항소심 선고 직전에 합의하시든지 해도 되니까 맘 편하게 생각하셔라는 식의 이야기를 한참 나눴다. 그렇게 이 사건으로 우리는 두 번째 만났을 때 매우 편한 사이가 되었다. 그리고 사건이 끝난 후에도 같이 밥도 먹고 차도 마시고 연애상담도 하며 수다도 떠는 친구 같은 사이가 되었다. 흔한 일은 아니지만 전혀 불가능한 일도 아니다. 그러니 상대방이 변호사를 선임했다고 하면 편하게 자신의 의사를 전달하는 데 활용하면 된다.

이렇듯 상대방에게 변호인이 선임되어 있다면 오히려 소통에 부담이 적을 수 있다. 변호인은 성범죄 피해자와 소통하는 것이 어려울 수밖에 없기 때문에 당신의 이야기에 귀를 기울여 줄 것이다. 다만 상대방 변호인은 당신이 선임한 사람이 아니므로 당신이 원하는 때에 아무 때고 연락하거나 자주 접촉하길 원하는 경우 당신의 연락을 피하거나 고통스러워할 수도 있으니 상식적이고 예의를 갖춘 상황에서 진행을 해야 할 것이다. 변호인은 당신을 공격하기 위한 사람도 아니고 피고인의 가족도 뭐도 아니다. 그냥 이 사건에서 법률적으로 도움을 주는 사람일 뿐이므로 감정적으로 응하는 것은 지양하여야 하고 대리인을 통해 연락하도록 하는 것이 바람직하다.

① 피고 A는 원고와 같은 대학교에 재학 중인 학생이다. 피고는 원고의 숙소인 대학교 기숙사에 찾아가 원고의 침대에 누운 다음 피고를 방에서 내보내기 위해 일으켜 세우려는 원고의 팔을 손으로 잡아당겨 원고의 허리를 끌어안고, 원고의 반바지 속에 손을 넣으려 원고의 허벅지를 만지는 등 강제로 추행을 하였다. 피고는 강제추행죄가 인정되어 벌금 300만 원을 선고받고 확정되었다.

② 피고 B는 원고와 고등학교 동창 사이로, 두 사람은 소맥을 마시고 귀가하기 위해 함께 걸어가던 중 피고가 원고의 얼굴을 양손으로 붙잡아 움직이지 못하도록 한 뒤 강제로 키스를 하였고, 술에 취한 원고를 부축하여 호텔로 들어간 후 잠에서 깬 원고가 '하지 말라.'고 하였음에도 옷 속으로 손을 넣어 배를 만지고 엉덩이를 만지며 강제로 키스를 하였다. 피고는 강제추행죄가 인정되어 징역 6월 집행유예 2년을 선고받고 확정되었다.

③ 피고 C는 골프용품을 판매하는 업체의 사장이고 원고는 거래처 직원이었다. 피고는 자신의 사무실에서 양손으로 원고의 손을 잡아 끌어당긴 후 손등과 손바닥을 쓰다듬고 만지고, 원고의 어깨를 잡아당겨 안고, 원고의

뺨에 입을 맞추는 등 총 네 차례 추행을 하였다. 피고는 강제추행죄가 인정되어 징역 10월 집행유예 2년을 선고받고 확정되었다.

법원은 ①의 경우 1,000만 원의 위자료를, ②의 경우 1,500만 원의 위자료를 각 인정하였다.

한편 법원은 ③ 사건에서 위자료를 3,000만 원을 인정하였는데, 이는 총 네 차례나 추행이 반복되었고, 피고에게 상당한 경제력이 있었던 점, 그리고 상대가 거래처 직원으로 거절하기 어려운 관계였던 점 등의 여러 사정을 고려한 것으로 보인다. 이와 관련하여 대법원은 "**불법행위로 인한 위자료를 산정할 경우, 피해자의 연령, 직업, 사회적 지위, 재산 및 생활상태, 피해로 입은 고통의 정도, 피해자의 과실 정도 등 피해자 측의 사정과 아울러 가해자의 고의·과실의 정도, 가해행위의 동기와 원인, 불법행위 후의 가해자의 태도 등 가해자 측의 사정까지 함께 참작하는 것이 손해의 공평부담이라는 손해배상의 원칙에 부합한다. 법원은 이러한 여러 사정을 참작하여 그 직권에 속하는 재량에 의하여 위자료 액수를 확정할 수 있다.**"라고 판시하기도 하였다.[10]

따라서 어떠한 범죄가 인정되는 경우 얼마의 위자료가 인정되는

---

10 대법원 2010다1234 판결 등 참조.

지는 단순히 범죄혐의나 처벌수위만으로 판단하기는 어려운 측면이 있는 것이다.

한편, 형사 사건의 피해자가 형사고소를 하면서 고소대리인 변호사를 선임한 경우, 고소대리인 변호사 선임비용을 손해로 주장하여 청구를 하는 경우가 있다. 그러나 고소대리인 변호사 선임비용에 대해 대법원은 "**형사고소사건에서 고소대리인으로 변호사 선임을 강제하는 제도가 없는 우리나라 법제의 현실을 고려하면, 원고가 피고의 범죄혐의에 대한 고소를 하기 위하여 변호사를 대리인으로 선임하여 보수를 지급하였다고 하더라도 그 보수 상당액을 피고의 불법행위와 인과관계가 있는 손해라고 평가할 수는 없다.**"라고 판시하여 고소대리인 변호사 선임비용은 피고의 불법행위로 인한 손해를 인정하지 않고 있다.[11]

따라서 성범죄 피해자가 민사소송을 진행하면서 형사 사건에서 변호사를 선임한 비용을 별도로 청구할 수는 없고, 다만 해당 사건으로 인해 병원에서 치료를 받았다면 병원의 치료비와 같은 실질적인 손해, 그리고 정신적인 손해배상인 위자료를 청구하면 되는 것이다.

---

11   대법원 96다27889 판결 등 참조.

7.

원치 않는 연락에는 강력하게 항의

얼마 전 전화상담을 하는데, 피고인이 구속이 되자 피고인의 가족들이 피해자의 직장에 계속해서 찾아와 합의해 줄 때까지 매일 찾아오겠다며 협박을 하다시피 했다고 한다. 구속당한 피고인의 절박한 사정은 그렇다 치고 이러한 행위가 전형적인 2차 가해이다. 이런 상황에서도 피해자는 국선변호사의 도움을 받지 못하고 두려워하며 사선변호사를 선임해야 하는지 문의전화를 한 것이었다. 당시 상대방 변호인이 누군지 아는지 물어보니 누군지 알고 있었다. 그렇다면 그 변호사에게 연락해서 당장 이러한 행위를 중단하도록 이야기하라고 얘기했다. 아마도 그 변호사도 피고인의 가족들이 그러한 행위를 하고 있음을 구체적으로 알 수 없기 때문에 말리지 않고 있을 가능성이 높다. 이런 것이야말로 상대방 변호인에게 강력히 항의해야 하는 것이며 피고인의 가족의 행위가 피고인에게 독이 될 수 있음은 변호인도 잘 알고 있을 것이기 때문에 이를 중단시킬 수 있는 것이다. 그런데 그 피해자는 변호인 측이나 수사기관에 단 한 번도 이의를 하거나 이러한 사실을 고지하지 않았다고 한다. 잘못 처리하고 있는 것이다.

내가 피해자를 대리했던 사건에서 가해자가 아주 악질이었는데, 가해자는 피해자가 자신을 강간치상 등 혐의로 고소하자 변호인을 통해 "너희 집에 두고 온 내 콘돔 좀 돌려 달라."라며 연락을 해 왔었다. '너랑 나랑 수시로 성관계를 하는 사이였는데, 강간이라니 웃기시네, 엿이나 먹어.'라는 취지였을 것이다. 이후에도 계속해서 "양말을 놓고 왔네.", "빌려줬던 커피숍 선불카드를 돌려줘."라며 변호인이 우리 사무실에 계속해서 팩스를 보내왔다. 이에 강력히 항의했는데 변호인 역시 매우 난감해하는 상황이었다. 아마도 가해자는 변호인의 말조차 제대로 안 듣는 상황인 것 같았다. 가족들이 피해자 가족들에게 연락하고 찾아가는 일도 생겼다. 변호인에게 지속적으로 사실을 알렸고, 수사기관에도 즉시 사실을 알렸다. 신변보호요청도 했다. 이후 사건이 공판단계로 넘어간 후에는 변호인이 보내 준 팩스 내용이며 우리가 그간 신고했던 내용들에 대해 다시 한번 정리해서 제출하면서 피고인의 엄벌을 탄원했다. 가해자는 1심에서 징역형을 선고받고 구속된 이후 갑자기 사과하며 합의를 요청했다. 피해자는 피고인과 항소심 도중 합의를 했는데, 가해자는 초범임에도 중형을 선고받고 복역 중에 있다.

위 피고인이 중형을 선고받은 데에는 피해자에 대한 2차 가해도 한몫을 했을 것이다. 따라서 이러한 내용을 방지하기 위해 변호인에게 적극적으로 항의하는 것이 필요하고 그럼에도 개선되지 않을 경우 이러한 사실을 수집하여 증거로 수사기관에 제출하고 법원에 제출하는 과정이 필요하다. 만약 지속적으로 피해자를 괴롭힌다면 수사단계에서 구속이 될 수도 있고, 1심 선고 시에 법정구속이 될 확률도 매우 높아질 것이다. 따라서 피해를 당하고 있다면 이러한 사실에 대해 적극적으로 알릴 필요가 있다. 그리고 필요하다면 담당 수사관에게 신변안전 조치 등을 신청하도록 하는 것이 바람직하다.

① 피고 A는 자신의 휴대전화를 이용하여 술에 취해 잠자고 있는 원고의 가슴 등 상반신을 무단으로 약 2분간 동영상으로 촬영하고 해외 사이트에 위 동영상을 게시하여, 카메라등이용촬영죄로 징역 6월을 선고받고 확정되었다.

② 피고 B는 자신의 주거지 화장실 내에서 친구인 원고를 초대한 후 피고 소유인 휴대전화의 카메라를 작동시킨 상태로 변기 맞은편에 있는 욕실장 안에 넣어 두는 방법으로 원고가 용변을 보는 모습을 동영상으로 촬영하려고 하였으나 원고가 긴 셔츠를 입고 있었기 때문에 신체 부위가 촬영되지는 아니하여 미수로 그쳤다. 피고는 카메라등이용촬영 미수죄로 벌금형의 약식명령[12]을 받고 확정되었다.

③ 피고 C는 원고와 교제를 하다가 2014년경 헤어진 사이이다. 피고는 2014년경 원고의 집에서 함께 성관계하는 모습을 휴대전화로 촬영할 것을 원고에게 여러 차례 제안하였고, 원고는 처음에는 이를 거절하다가 한 차례

---

12 다른 피해자에 대한 카메라등이용촬영 기수범행을 포함하여 벌금 500만 원의 약식명령을 받고 그대로 확정되었다.

촬영에 응하였다. 원고는 촬영 직후 피고에게 이를 즉시 삭제할 것을 요구하였고, 피고도 이를 승낙하였다. 그러나 피고는 이 사건 동영상을 자신의 휴대전화에서만 삭제하였을 뿐 구글드라이브에 자동으로 저장되었고, 피고는 이를 확인한 후 즉시 삭제하지 않고 오히려 자신의 외장하드에 저장하는 한편 네이버 클라우드에도 저장하여 보관하였다. 이후 원고는 2018년경 지인으로부터 이 사건 동영상이 유출된 사실을 확인하고 이미 수십 개 사이트에 수백 회 유포되어 있다는 것을 확인하였다. 그러나 이 사건 동영상을 피고가 유포하였음에 관한 증거가 불충분하여 피고는 혐의없음 불기소처분을 받았다.

법원은 "위 인정사실에 의하면, 피고는 원고에게 불법행위를 저질렀고, 이로 인해 원고가 말할 수 없는 정신적 충격과 고통을 받았음은 경험칙상 명백하므로, 원고가 입은 정신적 손해를 배상할 책임이 있다. 손해배상 범위에 관하여, 피해자가 입은 고통의 정도에다가 피고의 가해행위 경위 및 수법, 행위 후 정황, 아울러 원고와 피고의 관계, 피고의 나이, 직업, 재산과 생활상태 등 이 사건 변론에 나타난 여러 사정을 종합하여 보면, 피고가 지급할 위자료를 2,000만 원으로 정함이 타당하다."라며 ①의 경우 2,000만 원의 위자료를, ②의 경우 900만 원의 위자료를 각 인정하였다.

한편 ③의 경우 피고는 혐의없음 처분을 받게 되었는데, 그 이유는 원고가 촬영 자체에 대해서는 동의를 하였기 때문에 동의 부분에서 죄가 인정되지 않고, 이후 동영상 유포의 부분에 대해서도 명확히 피고가 유포한 것인지, 피고도 모르는 사이에 유포된 것인지 정확히 확인할 수 없기 때문이다. 그러나 피고의 행위가 법적으로 유죄인지 무죄인지를 떠나, 어찌되었든 동영상을 삭제하지 않고 저장·보관하고 있었기 때문에 피고의 행위는 원고의 피해 발생과 무관하지는 않은 것이고 이러한 경우 피고에게는 손해배상을 할 책임을 인정할 수 있다.

이에 대해 법원은 "이 사건 동영상이 유포된 경위는 명백하게 밝혀지지 않았다. 그러나 피고는 이 사건 동영상 촬영 직후에 원고와 이를 바로 완벽하게 삭제하기로 합의하고도 구글 드라이브에 연계 저장되어 있는 위 동영상까지 완전하게 삭제하지 않고 오히려 외장하드를 비롯해서 네이버 클라우드까지 확장하여 저장하였다. 이로써 유출될 경우 원고에게 심각한 피해를 줄 수 있는 이 사건 동영상을 무려 세 곳의 저장소에 분산 저장하게 되어 상대적으로 제삼자의 해킹이나 외장 하드 분실 등으로 위 동영상이 용이하게 외부에 유출될 수 있는 직접적이고도 결정적인 원인을 제공하였다. 이러한 행위는 원고와의 합의를 의도적으로 이행하지 않은 행위이고 나아가 위 동영상 유출을 원고가 직접 행하지 않았다 하더라도 그 과정에 있어 위 동영상의 폐기와 관련하여 매우 심각하게 부주의한 행동에 해당한다. 피고의 이러한 일련의 행위는 원고의 인격권과 초상권 및 사회적 명예를 심각하게 훼손하는 불법행위를 구성한다 할 것이고, 이로 인하여 원고는 매우 심각한 정신적 고통을 겪게 되었음이 경험칙상 명백하므로, 피고는 원고에게 원고가 입은 정신적 손해를 배상할 의무가 있다."라고 판시하였다. 그러면서 법원은 피고에게 3,000만 원의 위자료를 지급하라는 판결을 선고하였다.

참고로 가해자가 수사 도중 혹은 형사재판 도중에 사망하는 경우 피해회복에 대해 알아보자. 법인의 대표이사인 망인은 약 1년간 직원들이 이용하는 화장실 샤워부스 안에 스마트폰을 설치하여 직원들이 용변을 보는 모습을 촬영하였다. 그러던 중 망인은 자신의 행위가 발각되어 카메라등이용촬영 혐의로 수사를 받게 되자 자살을 하여 사망하였다. 이에 피해자인 해당 법인의 직원들은 망인의 상속인들에게 위자료를 청구하게 되었다. 이 사건에서 피해자들은 각각 1,300만 원씩 위자료가 인정되었고, 법원은 망인의 상속인들에게 상속지분 비율로 해당 금원을 각각 배상하라고 선고하였다.

간혹 형사 사건이 진행되는 도중에 가해자가 사망을 하는 경우가 많은데 이런 경우 가해자가 처벌도 받지 않고 피해자의 피해회복도 진행되지 않는 일이 발생할 수 있다. 그러나 상속인들이 있는 경우 상속인들을 상대로 손해배상 청구를 할 수도 있으니 참고하면 좋다.

8.

증인지원센터의 도움

피고인이 무죄주장을 하는 경우 피해자가 제출한 고소장, 증거, 그리고 피해자가 진술한 조서에 대해 부동의를 하게 된다. 이러한 경우 해당 자료들을 증거로 판사가 보기 위해서는 피해자를 증인으로 불러 법정에서 고소장의 내용이 사실인지, 피해내용에 대해서 다시 한번 질문받고 진술해야 하는 상황에 놓이게 된다. 피해자로서는 정말 가고 싶지 않은 곳이고, 고통스러운 시간일 수밖에 없다. 그렇기 때문에 피해자가 증인으로 진술하러 나온 경우 피해자에게 조금만 무리한 질문을 한다 싶으면 법정 분위기가 살벌해지는 경우도 적지 않다.

피해자 입장에서는 법정에 출석하는 게 너무나 힘든 일이기 때문에 출석하고 싶지 않겠지만 법정에 출석해서 진술을 잘해야 피고인이 처벌받을 수 있다. 진술하기 싫다는 이유로 법정에 출석하지 않으면 피해자가 제출한 증거 등을 사용할 수 없게 되어 무죄가 선고된다. 실제로 이러한 경우가 종종 있다. 학생이라 수업 때문에 출석하지 않겠다거나 아르바이트 때문에 출석하지 않겠다는 이유를 들을 때면 황당하기까지 하다. 결국 그런 사건들은 모두 무죄 판결이 선고될 수밖에 없다는 점을 명심해야 한다. 이러한 경우 추후 무고로 고소를 당할 수도 있다. 형사소송은 장난이 아니다.

어쨌든 법정에 출석하여 증인신문에 응하기로 마음먹었다면, 법원에서 제공하는 증인지원절차를 이용하는 것이 좋다. 성범죄 피해자가 증인으로 출석하게 되는 경우 증인지원절차 신청서 및 형사 사건 증인을 위한 안내를 받게 된다. 신청서에는 ① 증인신문 전후의 동행 및 보호, ② 비공개 심리(방청객 퇴정), ③ 증언 도중 피고인과의 접촉 차단, ④ 신뢰관계 있는 사람의 동석 항목에 체크를 하도록 항목이 나뉘어 있다.

먼저 ① 증인신문 전후의 동행 및 보호에 대해 설명하자면, 통상 법원은 출입문이 나뉘어 있다. 일반적으로 방청객이든 변호인이든 피고인이든 모두 같은 문으로 출입하는 구조로 되어 있다. 반면 재판부는 법대 뒤편의 문으로 출입하고, 구속된 피고인은 피고인 좌석 뒤편의 문으로 출입한다. 구속된 피고인의 경우 외부인과 접촉이 차단되어 있기 때문이다. 따라서 통상의 경우 피해자라고 하더라도 일반적인 출입문을 이용하여 법정에 들어오게 되어 있다.

그러나 이러한 경우 재판 시간이 정해져 있다 보니 피고인을 직접 마주칠 수도 있으며, 피고인이 구속되어 있어 출입구가 구별되어 있다고 하더라도 가해자의 가족 등과 마주칠 수 있어 불안할 수밖에 없을 것이다. 이러한 경우를 대비하여, 각 법원에는 증인지원센터를 두고 있다. 즉, 증인신문 전후의 동행 및 보호를 요청한 경우 증인은 바로 법정으로 가는 것이 아니라 증인지원센터로 가게 된다. 나도 증인지원센터를 이용해 본 적이 있는데, 증인지원센터에 가면 절차에 관해 친절하게 안내받을 수 있으며 기다리는 동안 편안하도록 각종 다과도 준비해 두고 있다.

재판 시작 시간이 되면 증인은 안내에 따라 일반인이 다니지 않는 엘리베이터를 타고 법대 뒤편 복도를 통해 법원에 입장하게 된다. 만약 전에 진행하는 사건이 끝나지 않은 경우 법정 뒤편 바로 옆 휴게실에서 쉬면서 기다릴 수도 있다. 법정에 들어가기 직전까지 증인지원센터에서 증인을 도와주시는 분이 함께 있어 주니 궁금한 게 있는 경우 더 물어볼 수도 있다. 그리고 신뢰관계인의 동석을 요청한 경우 신뢰관계인 역시 같은 동선으로 이동하게 되니 한결 마음이 편할 것이다.

② 비공개 심리(방청객 퇴정)란 말 그대로 내가 증인으로 진술하는 동안 사건 관련자가 아닌 사람은 법정에서 퇴정시키도록 요청하는 것이다. 만약 방청객이 있는 상태에서 증언을 하게 되는 경우 방청객은 판사, 검사, 피고인, 변호인은 물론 증인의 얼굴을 볼 수도 있으며 그 내용을 청취할 수도 있다. 이러한 일이 발생하면 가해자의 지인이나 주변인들 역시 피해자의 얼굴이나 신상을 파악하기 용이하기 때문에 불미스러운 일이 발생할 우려 역시 지울 수가 없다. 따라서 비공개 심리를 요청하는 것은 프라이버시 보호를 위해 매우 중요하다.

비공개 심리를 요청한 경우에도 판사, 검사, 피고인, 변호인은 법정에서 증인의 진술을 직접 청취한다. 피고인과 같은 공간에 있는 것만으로도 불편할 텐데 얼굴까지 마주보고 이야기를 한다면 더더욱 진술하기 어려울 수 있다. 이러한 경우 피해자는 ③ 증언 도중 피고인과의 접촉 차단을 요청하면 된다. 이러한 요청이 들어온 때에 법원은 피해자가 법정에 출석하기 전에 피고인을 피고인석(변호인 옆자리)에 그대로 앉힌 채 차폐막으로 가리거나 방청석 제일 구석자리로 이동시킨 후 차폐막으로 가리는 방식으로 피해자의 시선에서 피고인을 차단시킨다.

피고인도 옆에 변호인이 앉아 있는데, 피해자가 혼자 법정 중앙 증인석에 앉아 있으면 외롭고 두려울 수도 있을 것이다. 이러한 사정을 감안하여 증인은 ④ 신뢰관계 있는 사람의 동석을 신청할 수 있다. 통상 변호사나 가족을 신뢰관계인으로 동석하게 해 달라고 신청한다. 신청을 할 때 정확히 어떠한 관계인 누구와 출석할 것인지를 적어야 하니 신중하게 적는 게 필요하다. 나는 피해자가 증인으로 출석할 때 신뢰관계인으로 동석했었는데, 당시 공판 검사 옆에 나란히 앉아 신문절차를 지켜봤었다. 신뢰관계인은 증인이 진술할 때 대신해서 진술하거나 할 수는 없다. 따라서 증인의 심리적인 안정을 주는 역할 정도로 생각하면 되는데, 아무도 없이 법정에서 피고인 측의 질문이나 공격을 받게 될 수도 있으니 신뢰관계인은 없는 것보다야 있는 게 훨씬 든든할 것이다. 그런데 사선변호사를 선임한 경우에도 신뢰관계인으로 출석하는 경우를 많이 볼 수는 없었다. 따라서 사선변호사든 국선변호사가 사건을 도와주고 있다면 변호사의 사정을 보아 함께 출석할 수 있도록 하는 것을 추천한다.

위와 같은 제도가 있는 건 그만큼 피해자가 법정에 출석하여 진술하는 것이 힘들다는 것을 잘 알고 있기 때문이다. 그렇기 때문에 변호인도 판사 눈치를 보며 피해자 증인신문을 하게 되는 일이 허다하고, 판사가 재판 도중에 변호인에게 호통을 치는 일도 적지 않다. 검사는 피해자 편이 분명하고 판사 역시 피해자가 직접 출석하여 진술하는 것에 부담을 느끼며, 피해자에게 해당 증인신문으로 피해가 발생하지 않도록 노력하고 있으며, 변호인 역시 재판정에 있는 모두가 이런 생각을 가지고 있다는 점을 잘 알고 있기 때문에 조심할 수밖에 없다. 그러니 증인신문에 출석하게 된다고 하더라도 너무 어려워하지 말고 긴장하지 말고 진술을 잘 해야 한다.

내가 했던 국선사건 중에는 피해자가 출석해서 성범죄 피해사실에 대해 제대로 진술하지 않은 것도 있었다. "그런 말을 지금 여기서 어떻게 해요?"라며 범죄 사실에 대해 아무런 진술을 하지 않았다. 이러한 경우 무죄가 선고되기 쉽다. 법정에 앉아 있는 누구도 피해자가 입은 피해사실에 대해 흥미를 갖거나 개인적 관심을 갖는 사람은 없다. 판사도 검사도 변호인도 모두 일로 모인 사람들이니 성범죄 관련 사실에 대해 진술하는 것에 부담감은 내려놓고 최대한 자세히 그리고 구체적으로 진술하도록 노력해야 한다.

그리고 증인신문은 당신의 생각이나 감상을 묻는 자리가 아니다. 다시 말해, 증인은 상대방이 무슨 생각으로 자신에게 어떠한 행동을 한 것인지 상상해서 말하거나, 당시의 소회를 이야기하기보다는 당시 있었던 사실에 대한 확인만 시켜 주면 족하다. 따라서 너무 감정에 치우쳐 이야기하기보다는 사실에 기반한 내용을 미리 생각하여 정리해 둔 후 이에 대해 구체적으로 진술을 하는 연습도 필요할 것이다.

A는 공공기관인 법인에 입사하여 약 25년간 근무를 하였다. 그런데 A는 기혼의 여성 직원에게 "피곤해 보이는데 어젯밤에 남편하고 뭐 했어?"와 같은 부적절한 발언을 수시로 하고, 미혼의 신입 여성 직원이 연차를 쓰자 "남자친구가 있다는데 임신한 거 아니냐."라며, 남자친구와의 성관계를 연상시키는 발언을 하였다. 그리고 A는 남자 직원에게 발기부전 환자가 핀을 박은 사진을 보여 주며 "너는 이런 거 안 넣어도 되냐."라는 이야기를 하기도 하였다.

공단은 A의 성희롱, 갑질 등에 대한 제보를 접수하고 감사를 진행한 후 감사 결과를 바탕으로 인사위원회를 개최하여 징계사유를 들어 A를 해임하기로 의결하였고, 이를 A에게 통보하였다. 그러자 A는 공단에 재심을 청구하였고, 공단은 재심사인사위원회를 개최하여 심의한 결과 A의 재심 청구는 이유 없다고 판단하였다. 이후 A는 자신에 대한 해임이 부당해고라고 주장하면서 ○○지방노동위원회에 구제신청을 하였으나, 지노위에서는 이 사건 징계사유가 존재하고 징계양정이 적정하며 징계절차에도 하자가 없다는 이유로 구제신청을 기각하였다. A는 이러한 초심판정에 불복하여 중앙노동위원회에 재심을 신청하였으나, 중노위는 초심판정과 마찬가지 이유로 원고 A의 재심신청을 기각하였다. 결국 A는 행정법원에 부당해고 구제재심판정취소를 청구하는 소를 제기하였다.

일반적인 '성희롱'은 형사처벌규정이 없다. 성희롱은 피해자가 아동인 경우에만 아동복지법위반으로 처벌이 가능할 뿐이다. 그럼에도 공무원은 물론 일반 회사원의 경우에도 사내 성희롱으로 중징계를 받는 경우가 허다하다. 따라서 직장 내에서 성희롱 피해를 당했다면 형사고소를 하기는 어려우나 사내 징계절차를 통해 가해자에게 중징계를 받도록 할 수 있다. 그리고 이 과정에서 가해자와 합의를 하거나 손해배상을 청구할 수도 있을 것이다.

성희롱이란 업무, 고용, 그 밖의 관계에서 국가기관·지방자치단체, 각급 학교, 공직유관단체 등 공공단체의 종사자, 직장의 사업주·상급자 또는 근로자가 ① 지위를 이용하거나 업무 등과 관련하여 성적 언동 또는 성적 요구 등으로 상대방에게 성적굴욕감이나 혐오감을 느끼게 하는 행위, ② 상대방이 성적 언동 또는 요구 등에 따르지 아니한다는 이유로 불이익을 주거나 그에 따르는 것을 조건으로 이익 공여의 의사표시를 하는 행위를 하는 것을 말한다.

여기에서 '성적 언동'이란 남녀 간의 육체적 관계나 남성 또는 여성의 신체적 특징과 관련된 육체적, 언어적, 시각적 행위로서 사회 공동체의 건전한 상식과 관행에 비추어 볼 때, 객관적으로 상대방과 같은 처지에 있는 일반적이고도 평균적인 사람으로 하여금 성적 굴욕감이나 혐오감을 느끼게 할 수 있는 행위를 의미한다. 성희롱이 성립하기 위해서는 행위자에게 반드시 성적 동기나 의도가 있어야 하는 것은 아니지만, 당사자의 관계, 행위가 행해진 장소 및 상황, 행위에 대한 상대방의 명시적 또는 추정적인 반응의 내용, 행위의 내용 및 정도, 행위가 일회적 또는 단기간의 것인지 아니면 계속적인 것인지 등의 구체적 사정을 참작하여 볼 때, 객관적으로 상대방과 같은 처지에 있는 일반적이고도 평균적인 사람으로 하여금 성적 굴욕감이나 혐오감을 느낄 수 있게 하는 행위가 있고, 그로 인하여 행위의 상대방이 성적 굴욕감이나 혐오감을 느꼈음이 인정되어야 한다(양성평등기본법 제3조 제2호, 남녀고용평등과 일·가정 양립 지원에 관한 법률 제2조 제2호, 국가인권위원

회법 제2조 제3호 (라)목 등 참조).[13]

A는 성희롱 등 사유로 징계를 받아 해임에 이르렀다. 이에 A는 징계가 부당하다며 행정소송을 제기하였는데, 이러한 경우 대법원은 **"성희롱을 사유로 한 징계처분의 당부를 다투는 행정소송에서 징계사유에 대한 증명책임은 그 처분의 적법성을 주장하는 피고에게 있다. 다만 민사소송이나 행정소송에서 사실의 증명은 추호의 의혹도 없어야 한다는 자연과학적 증명이 아니고, 특별한 사정이 없는 한 경험칙에 비추어 모든 증거를 종합적으로 검토하여 볼 때 어떤 사실이 있었다는 점을 시인할 수 있는 고도의 개연성을 증명하는 것이면 충분하다."**라고 판시한 바 있다.

이 사건에서 법원은 "원고가 직원들에게 한 일련의 성희롱 관련 언행들을 종합적으로 살펴보면, 이를 직장동료 사이의 단순한 농담이나 자연스러운 대화로 보기는 어렵고, 원고에게 다분히 성적 동기나 의도가 있었다고 보는 것이 자연스럽다. 나아가 설령 원고에게 성적 동기나 의도가 없었다고 하더라도 위와 같이 지속적·반복적으로 이루어진 원고의 언행들은 일반적·평균적인 사람의 관점에서도 충분히 성적 굴욕감이나 혐오감을 느낄 수 있게

---

13 대법원 2017두74702 판결 등 참조.

하는 행위에 해당한다."라고 판단하였다.

한편 A는 '자신의 부적절한 언행이 악의적으로 반복되지 않았고, 자신이 25년간 성실하게 근무하였고 다른 징계 전력이 없고, 표창을 받기도 한 점 등에 비추어 보면 이 사건 해임이 재량권을 일탈·남용한 것으로서 위법·부당하다.'라는 주장을 하기도 하였는데, 대법원은 징계가 부당하다고 보기 위한 기준에 대해 **"피징계자에게 징계사유가 있어서 징계처분을 하는 경우, 어떠한 처분을 할 것인가 하는 것은 징계권자의 재량에 맡겨진 것이고, 다만 징계권자가 재량권의 행사로서 한 징계처분이 사회통념상 현저하게 타당성을 잃어 징계권자에게 맡겨진 재량권을 남용한 것이라고 인정되는 경우에 한하여 그 처분을 위법하다고 할 수 있고, 그 징계처분이 사회통념상 현저하게 타당성을 잃어 재량권의 범위를 벗어난 위법한 처분이라고 할 수 있으려면 구체적인 사례에 따라 징계의 원인이 된 비위사실의 내용과 성질, 징계에 의하여 달성하려고 하는 목적, 징계양정의 기준 등 여러 요소를 종합하여 판단할 때에 그 징계내용이 객관적으로 명백히 부당하다고 인정할 수 있는 경우라야 한다."**라고 하였다.[14]

이러한 기준을 근거로 하여 법원은 이 사건에 대해 "원고는 이

---

14   대법원 99두6101 판결 등 참조.

사건 징계사유에 관하여 진지하게 반성하거나 피해자인 직원들에게 진정성 있는 사과를 전한 적이 없는바, 개전의 정이 부족하다고 판단된다. 또한 참가인(공단)은 이 사건과 유사한 성희롱 징계사건에 관하여 대체로 해임 처분을 해 왔고, 피해자들이 선처를 호소한 1건에 관해서만 예외적으로 정직으로 감경한 사례가 있을 뿐인데, 이 사건의 경우 피해자들이 원고의 선처를 호소한 바가 없다. 나아가 참가인으로서는 성희롱 등의 비위행위를 엄단함으로써 재발을 방지하고 직장 내 근무 질서를 바로잡을 공익상의 필요가 있다고 보인다."라며 이 사건 재심판정은 적법하다고 판시하였다.

직장 내 성관련 비위사건의 가해자를 만나 보면 "매일 같이 보는 친한 사이에서 농담처럼 한 말이다."라며 억울해하는 경우가 많다. 그러면서 "이런 농담도 못 하고 어떻게 사냐, 이게 대체 뭐가 문제냐."라는 반응을 많이 보인다. 이러한 가해자를 상담하면 늘 하는 말이 있다. "상대가 문제를 제기해서 이미 당신이 징계대상자가 되었다는 것을 직시해야 한다. 문제가 되는 행동이기 때문에 이런 일이 벌어진 것이다. 그리고 직장에서 식구보다 더 오래 얼굴 보는 사이라고 아무 말이나 막 해도 되는 것은 아니다. 당신 자녀가 똑같은 일을 당했다고 생각해 보라. 그때도 당신은 당신의 자녀에게 '별일 아닌데 왜 이렇게 유난을 떠는 것이냐.'라고 말을 할 것인가?"

그러자 가해자는 고개를 끄덕이며 그제야 상대방이 어떤 기분이었을지 조금이나마 공감이 되는 반응을 보였다. 만약 자신의 딸이 직장상사로부터 똑같은 스킨십을 당하고 불쾌했다고 말했다면, 그 역시 딸의 직장상사에게 화를 냈을 것 같았기 때문이다.

제3장

피해배상

1.

합의를 할까?

단순하게 설명하자면 합의란 두 가지 의미가 있다. 하나는 가해자가 형사 사건에서 선처를 받을 수 있으며, 민사소송의 위험에서 해방되었다는 점이고, 다른 하나는 피해자가 형사 사건 절차 도중에 피해회복을 할 수 있다는 점이다. 사건을 원만히 해결하고 서로 화해를 하였다는 측면은 부수적이거나 성립하지 않는 경우가 많다. 물론 내가 경험했던 사건 중에 나름 화해와 용서의 의미가 있었던 사건도 있기는 했다.

C는 만취상태로 고등학생이었던 피해자가 귀가하는 길에 달려가 껴안아 추행하였다. 당시 피해자는 너무 놀라 그 자리에서 넘어졌고 C는 도망갔다. 이 사건에서 나는 C의 변호인을 맡았다. 나의 목표는 피해자와 원만히 합의하는 것이었다. 피해자에게는 (피해자)국선변호사가 선정되어 있었다. (피해자)국선변호사는 "피해자는 합의할 생각이 없다."라는 말뿐이었다. 합의하기 정말 어려워 보였다. 이에 나는 (피해자)국선변호사에게 "피의자는 피해자와 합의하는 데 도움을 얻고자 여자변호인을 선임하였다고 했다. 혹시라도 피해자에게 변호인이 여성이라는 점을 알리면서 직접 소통하길 원한다고 하면 내 연락처를 전달해 달라."라고 이야기했다. 얼마 지나지 않아 피해자의 모친이 나에게 전화를 해 왔고 우리는 만나기로 했다.

피해자가 사는 곳 근처 커피숍으로 갔다. 피해자의 부모가 함께 자리에 나왔다. 나는 피의자를 대신해서 피해자 부모에게 사과했다. "밤길에 혼자 귀가하는데 어떤 아저씨가 뛰어와서 덮쳤으니 얼마나 놀랐겠어요. 저라도 밤길 무서워서 못 다닐 거 같습니다." 그러면서 피의자에 대한 이야기를 했다.

"피의자의 아내는 고등학교 시절 성범죄의 피해자였다고 합니다. 피의자의 아내는 저희 사무실에 찾아와 저에게 남편이 너무 밉다며 울었습니다. 어떻게 자신의 아내가 성범죄의 피해를 당해 지금까지도 그 기억에 고통을 받고 있다는 걸 알면서 성범죄를 저지를 수가 있냐는 것이었죠. 원통하다고 했습니다. 그 피해자에게 너무나 미안하다고 했습니다. 피의자가 당시 만취하게 되었던 건 산후우울증을 앓고 있는 아내와 크게 다퉜기 때문이었다고 합니다. 피의자의 아내가 피의자에게 화를 낼 때면 피의자는 늘 화 한번 내지 않고 참아 왔다고 합니다.

그런데 그날은 너무나 속상한 나머지 아파트 주차장에서 소주 2병을 그냥 들이켜 버렸다고 하네요. 피의자에게 이후 기억은 없습니다. 다행히 피의자의 범행이 CCTV에 찍혀 있고 대로변에서 저지른 일이라 피의자는 자신이 저지른 일을 두 눈으로 똑똑히 확인했습니다. 그리고 눈물을 흘리며 반성했습니다. 피의자의 아내는 변호인을 찾다가 저희 사무실에서 저에게 사건을 맡기기로 했습니다. 경제적으로 사정이 매우 좋지 않았지만, 피해자와 원만히 합의를 하고 용서를 받도록 도와 달라는 게 그분의 변호인 선임 이유였습니다. 직접 찾아 뵐 수만 있다면 무릎이라도 꿇고 사죄드리고 싶다고 말하고 있습니다. 피의자와 아내는 이 일로 사이가 매우 소

원해졌고 이 사건으로 피의자와 가족들은 고통스러운 시간을 보내고 있습니다."

내가 이러한 이야기를 하자 피해자의 모친은 많이 놀라워하며 이렇게 말했다. "저는 저희만 이렇게 고통스러운 시간을 보내고 있다고 생각했어요. (피해자)국선변호사님께서는 아이가 수업 중일 때도 전화를 걸어 '합의할 거예요?'라는 말만 물어봤어요. 가해자가 사과를 하는지 어떤 상황인지에 대해 아무런 설명도 없이 몇 번이나 전화로 그렇게 물어봤다고 했어요. 그 얘기를 듣고 저는 너무 화가 났어요. 가해자는 반성은커녕 돈으로 사건을 해결하려는 사람이라고 생각됐어요. 그러던 중 갑자기 가해자 측 변호사 연락처 줄 테니 연락하고 싶으면 연락하라고 하더라고요. 그래서 무슨 얘기를 하려고 직접 연락하라고 하나 싶어서 화가 나서 연락을 한 것이었어요. 대체 무슨 얘기를 하려나 들어나 보려고요. 그런데 제가 알지 못했던 그런 사정들이 있었군요. 그분들도 많이 힘들어하고 있군요."

피의자의 아내가 성범죄 피해자이고 20년 가까이 시간이 지났음에도 아직도 고통스러워하고 있다는 사실에 피해자 모친은 진심으로 마음 아파했다. 그리고 이렇게 말했다. "그분을 용서해 주고 싶어요." 그러면서 "저는 그분들이 돈이 많아서 대충 돈으로 때우려는 사람들이라고 오해했어요. 그렇게 생각하니까 너무 미워서 참을 수가 없더라고요. 그런데 이렇게 오해를 풀어 주시니 제 마음도 한결 가벼워졌습니다. 직접 와서 얘기 전해 주셔서 고맙습니다."라는 인사도 했다. 커피숍을 나와 지하철 역으로 걸어가는 제 모습을 한참 동안 바라봐 주었던 그 모습이 아직도 생생하다. 합의라는 건 이렇게 의미 있을 수도 있구나 하는 걸 처음 알았던 순간이었다. 이런 때면 변호사여서 참 보람차다는 생각이 든다. 어쩌면 평생 남을 미워하며 고통스러워하였을 것을 상대방을 이해함으로써 극복하였다는 생각도 들기 때문이다.

그러나 이렇게 아름다운 화해의 순간은 거의 없다. 그 이후로도 피해자가 원한다면 직접 연락 달라고 연락처를 줘도 회신이 없는 경우가 많았지만, 일단 '상대편 변호사는 나의 적'이라는 논리로 나를 적대시하는 피해자가 대부분이었기 때문이다.

'합의의 두 가지 의미'에 대한 이야기로 다시 돌아와 말하자면, 합의는 피해자와 가해자 모두에게 유익한 방법이다. 그렇기에 "합의를 하는 게 좋을까요?"라는 말을 가해자가 물어도, 피해자가 물어도 모두 "그럼요, 그게 최선이죠."라고 대답하고 있다. 물론 합의라는 게 내가 하고 싶다고 다 되는 것도 아니고, 서로 합의의사가 있어야 하고 합의금이나 조건이 서로 맞아야 체결이 되는 것이므로 쉽지 않다. 웬만해서는 서로 맞추고 어떻게든 합의하려고 하는 것이 대부분이지만 말이다. 사실 피해자의 주장에 가해자가 맞추는 것이 대부분이기는 하지만, 가해자 측이 피해자가 원하는 합의금 액수를 맞추기 어려운 경우에는 피해자가 가해자의 합의금에 맞추게 되는 건 어쩔 수가 없다.

피해배상을 받는 방법에 대해서는 뒤에서 자세히 하나의 챕터로 다루겠지만, 피해자가 피해배상을 받는 가장 손쉬운 방법은 형사 사건 절차 중 합의를 하는 것이다. 예를 들어 가해자가 경제적으로 여력이 없는 경우라 하더라도 가해자에게 실형이 선고될 상황이거나 그런 경우 가족들이라도 빚을 내어 어떻게든 합의를 하려고 노력한다. 그래야 형사 사건에서 선처를 받을 수 있기 때문이다. 그러므로 가해자의 경제력보다 많은 금액으로 합의도 할 수가 있는 것이다. 그리고 실제로도 형사 사건에서 합의금은 민사상 손해 배상 인정액보다 높은 금액으로 형성되어 있다. 또한 한 번에 현금으로 이체하여 전달하는 경우가 대부분이기 때문에 피해자 입장에서는 오랜 시간 복잡한 절차를 거쳐 배상을 받는 것이 아니니 매우 편하다. 그런데 민사소송의 경우 가해자 명의의 재산에 한해서만 집행이 가능하기 때문에 가해자가 적극적으로 청구금액을 변제하지 않는 한 판결선고 금액을 받기도 어려워질 수가 있다.

형사고소도 하였는데 민사소송으로 피해배상을 받는다는 건 형사소송에서 선처를 받는 것을 배제한 상황이라고 볼 수 있는데 가해자 입장에서는 내가 굳이 선처도 못 받는데 돈을 잘 챙겨 줄 이유가 없다고 생각할 것이기 때문에 변제에 소극적일 수 있다. 그러므로 가해자에게 경제적 자력이 없는 경우 민사소송 판결을 받고도 제대로 변제를 받지 못하고 통장을 압류한다거나 강제집행까지 나아가는 복잡한 절차까지 각오를 해야 하는 경우도 있는 것이다. 그래서 결국 형사 사건 도중에 합의를 하는 것이 서로에게 제일 좋다.

형사 사건이 종결할 때까지 합의가 되지 않는 경우는 크게 두 가지이다. 하나는 가해자가 끝까지 무죄를 주장하며 피해자에게 합의 이야기를 꺼내지 않는 경우이고 나머지는 피해자가 가해자를 선처해 주지 않기 위해 형사 절차에서 합의를 해 주지 않는 경우이다. 두 가지 경우 모두 피해자는 형사재판이 확정된 후 바로 민사소송을 제기하면 된다. 다만 우리나라는 가해자의 불법행위에 대해 피해자가 입은 재산상의 손해 원금과 이자에 형벌적 요소로서의 금액이 추가적으로 포함되어 배상하도록 한 제도인 징벌적 손해배상제도를 도입하고 있지 않고, 정신적피해배상(위자료)을 많이 인정하고 있지 않다. 따라서 형사절차에서 합의를 하는 것보다 낮은 금액을 받게 될 가능성이 높다. 여하튼 복잡하고 길게 말을 했지만, 합의는 하는 것이 편하다. 절대로 금전적인 배상을 받는 것에 주저하지 말아야 한다.

원고는 9급 지방행정서기보로 최초 임용된 후 행정사무관, 4급 서기관으로 승진까지 하여 행정사무관으로 근무하고 있는 국가공무원이다.

원고는 국가공무원법 제56조 성실의무 및 같은 법 제63조 품위유지의무를 위반하여 총 17차례에 걸쳐 소속 직원들을 상대로 성적 의미가 내포된 언행을 하고, 4차례에 걸쳐 소속 직원에게 사적 노무를 요구하거나 주말 공유일에 특근매식비를 사적으로 사용하였으며 관용차량을 사적 용도로 3회가량 사용하였다는 이유로, 중앙징계위원회에서 강등 징계의결과 징계부가금의 부과의결로 징계처분을 받게 되었다.

원고는 "피해자들의 각 진술은 이례적이고 신빙성이 극히 낮아 믿기 어렵고, 징계사유 중 일부는 피해자들 주장에 의하더라도 원고의 언행이 성적 굴욕감이나 혐오감을 느끼게 할 정도라고 보기 어려워, 신체적·언어적 성희롱에 해당하지 않는다."라고 주장하였다.

그러나 법원은 "피해자들이 상관인 원고로부터 인사상 불리한 처우를 받을 수 있는 상당한 위험을 무릅쓰고 원고를 모함하거나 어떠한 부가적 이익을 얻기 위해 허위로 사건을 꾸며 내거나 과장하여 진술하였다고 볼 만한 특별한 동기나 이유를 찾아볼 수 없다. 피해자들의 진술내용은 직접 듣고 경험하지 않고서는 진술하기 어려운 정도의 상세하고 구체적인 내용을 담고 있을 뿐만 아니라, 다른 증거들과 특별히 모순·저촉되는 정황이 없다. 원고와 피해자들의 '상하관계 내지 갑을관계'라는 특별한 사정을 고려할 때, 원고의 각 위반행위 이후 피해자들의 태도가 특별히 달라진 바 없다는 사정만으로 피해자들 각 진술의 신빙성을 배척할 수 없다."라며 피해자들의 진술에는 신빙성이 있다고 판단하였다.

그리고 법원은 "피해자들은 원고의 각 위반행위에 대하여 일관되게 '성적 불쾌감·모멸감·수치심·창피함을 느꼈다. 소름 끼칠 정도로 놀랐다. 성적 착취로 느껴졌다. 성희롱으로 받아들였다. 여성을 성적 노리개로 보는 것 같은 느낌을 받았다. 원고의 치근덕거림은 개인적인 사생활 침해로서 상당히 불쾌하였다. 듣기가 상당히 거북하고 정신적 충격을 받았다. 성적으로 접근의도가 있지 않나 생각하니 무서운 생각이 들었고 정신적으로 힘들었다.'라는 취지로 구체적으로 진술을 하였다. 앞서 본 성희롱의 정의와 성립요건 등에 관한 법리에 비추어 볼 때, 원고의 각 위반행위는 설령 그 당시 원고에게 성적 의도가 없었고 부수적으로나마 친근감의 표현에서 비롯된 것으로서 성적 자유를 침해하는 추행 내지 성폭력의 정도에는 이르지 않았다 할지라도 객관적으로 피해자들과 같은 처지에 있는 일반적이고 평균적인 사람이라면 성적 굴욕감이나 혐오감을 충분히 느낄 수 있는 행위로서, 성희롱에 해당한다고 봄이 타당하다."라며 원고의 행위는 성희롱에 해당하고, 이는 품위유지의무 위반 사항에 해당한다고 보았다.

한편, 원고는 "강등처분은 비례원칙과 평등원칙 위반으로 사회통념상 현저하게 타당성을 잃어 재량권을 일탈·남용한 것에 해당하여 위법하다."라는 주장을 하기도 하였다. 원고의 이러한 주장에 대해 법원은 "원고는 피해자들에 대한 업무상 지휘·감독자로서 우월적 지위에 있었는바, 직원들의 직무수행에 부정적인 영향을 미치지 않도록 평상시 언행에 각별히 주의하고 기관 내 성희롱을 방지할 책무를 부담하고 있었음에도, 피해자들이 자신의 비위행위에 대해 적극적으로 거부하거나 이의를 제기할 수 없는 소위 업무상 갑을관계에 처해 있음을 이용하여 5개월간 지속적으로 피해자 4명에 대하여 총 17회에 걸쳐 성희롱 또는 부적절한 언행을 일삼아 피해자들에게 정신적 고통을 가하고, 수차례에 걸쳐 부하 직원에게 직무 외 사적 노무 제공을 지시·요구하거나 주말에 특근 매식비를 사적 용도로 지출하고 관용차량을 사적 용도로 이용하는 등 국가공무원법 제56조 성실의무 및 같은 법 제63조 품위유지의무를 명백히 위반한 사실이 인정된다. 원고가 행한 비위행위의 내용과 정도, 과실의 경중, 피해의 정도, 직장 내 원고에 대한 성희롱 사건이 접수된 후 원고가 해당 사건을 무마하려고 시도하였을 뿐, 피해자들에게 진심어린 사과를 하고 진정한 용서를 받아내려는 진지한 노력을 다한 것으로 볼 수 없는 점 등을 고려하면 원고에 대한 비난가능성이 결코 가볍지 않다고 판단된다."라고 하였다.

그러면서 "이 사건 처분을 통하여 달성하고자 하는 공정하고 깨끗한 공직사회의 구현 및 공무원의 근무기강 확립, 유사 사례 재발 방지 등의 공익이 이 사건 처분으로 입게 될 원고의 개인적인 불이익에 비하여 결코 작다고 할 수 없는바, 이 사건 처분이 비례원칙에 위배된다고 볼 수 없다. 나아가 다른 유사 사건에서 이 사건 처분보다 더 가벼운 징계가 내려진 경우가 있다 할지라도, 구체적인 징계사유와 사건의 경위 등은 사안별로 달라질 수밖에 없는바, 징계양정의 결과만을 단순 비교하여 이 사건 처분이 평등의 원칙에 위배되어 재량권을 일탈·남용하였다고 보기 어렵다. 나아가, 합리적인 사유 없이 원고의 비위행위에 대하여 일반적으로 적용하여 온 기준과 어긋나게 공평을 잃은 지나치게 가혹한 징계처분을 선택하였다고 볼 수도 없다."라며 원고의 청구를 기각하였다.

법원에서는 징계 양정이 부당한지 여부에 대해 문제되는 행위가 몇 회나 반복되었는지, 피해자가 몇 명인지 등을 따져 판단한다. 따라서 피해를 당하는 경우 주변에 이야기를 하거나 자세히 기록해두는 것이 중요하고, 비슷한 피해자가 있는 경우 함께 신고를 하는 것도 도움이 된다.

2.

합의를 해 주면 가해자는?

성범죄는 2013년 6월 19일 형법 개정 이후 친고죄 규정이 폐지되었다. 다시 말해, 성범죄가 개정되기 전에는 피해자가 고소를 취하하는 경우 가해자를 처벌할 수 없었는데, 이제는 모든 성범죄의 경우 피해자가 합의를 하며 고소를 취하한다고 하더라도 가해자를 처벌할 수 있도록 바뀌었다는 뜻이다.

이런 내용을 오해하여 발생하는 일들도 있다. 얼마 전 상담을 하면서 이런 말을 들었다. "변호사님 이게 성범죄라 합의가 없고 그래서 탄원서가 들어가야 한다고 하던데 사실인가요?" 모든 범죄에 합의는 있다. 다만 친고죄나 반의사불벌죄와 같이 그 효과가 강력해서 아예 처벌을 할 수 없도록 정해진 범죄도 있고, 합의를 한다고 해도 처벌할 수 있도록 정해진 범죄도 있는 것뿐이다.

그렇다면 성범죄에서 합의를 한다는 것은 무엇을 의미할까. 강력한 선처를 의미한다. 즉 처벌을 할 수는 있으나, 최대한의 선처를 받을 수 있는 것이다. 예를 들자면, 기소유예나 선고유예처럼 전과가 남지 않는 최고의 선처를 받기 위해서는 피해자와 합의를 해야 한다. 검사는 피의자가 자신의 범죄를 인정하고 반성하고, 피해자와 합의가 된 사건에 한하여 기소를 유예하는 처분을 하고 있다. 물론 피해자 경미하고 피의자가 다시는 같은 범죄를 저지르지 않을 것 같다는 등의 사정도 당연히 필요하지만 제일 중요한 것은 피해자와 합의가 되었는지 여부이다. 선고유예도 비슷하다. 아무리 경미한 범죄라 하더라도 성범죄에서 피해자의 용서를 받지 못한 경우 선처를 기대하기는 어렵다.

강간과 같이 징역형만 규정하고 있는 중범죄의 경우 피해자와 합의를 하지 않는 경우 실형이 선고될 가능성이 매우 높다. 따라서 무죄가 인정될 수 없는 상황이라면 피고인은 공판진행 과정에서 피해자와 합의를 하기 위해 최선의 노력을 다해야 한다. 그래야 구속을 면할 가능성이 높기 때문이다. 최근에는 특수강간과 같이 징역 5년 이상의 법정형을 두고 있는 경우, 피해자와 합의가 되었고, 피고인이 초범이라 하더라도 집행유예를 잘 선고하지 않고 있으며, 미성년자성매매알선과 같이 징역 7년 이상의 법정형을 두고 있는 범죄는 합의를 하더라도 집행유예가 내려질 수 없는 범죄도 있다. 따라서 징역형만 예정하고 있는 범죄에서 피해자와 합의를 한다고 해서 무조건 구속을 면하는 것도 아니라는 뜻이다.

정리하자면, 가해자가 선처를 받기 위한 가장 중요한 조건은 피해자와 합의를 하는 것이다. 피해자와 합의가 된다고 해서, 무조건 가해자가 벌금을 내지 않아도 된다거나 징역형을 살지 않아도 된다는 말은 아니다.

대부분의 피해자는 합의 결과에 대해 생각이 참 많다. 내가 선처해 줘서 범죄자가 처벌을 받지 않게 되는 것은 아닌지, 합의를 해주고 진심으로 용서도 해 줬는데 징역을 산다거나 과한 처벌을 받으면 어쩌는지 여러 가지 걱정을 하는 경우를 보아 왔다. 그런데 너무 걱정하지 마셔라. 피고인이 어떠한 처벌을 받을지는 피고인이 어떠한 범죄를 저질렀는지, 그동안 범죄전력이 있는 자인지, 성실하게 살아왔는지, 반성을 제대로 하고 있는지, 다시는 범죄를 저지르지 않기 위해 어떠한 노력을 하고 있는지 등 여러 가지를 살펴 내려진 결론이다.

단순히 피해자랑 합의가 됐네, 안 됐네 하는 사정만으로 결정되는 것이 아니다. 가장 유리한 결론을 얻을 수 있다고는 하나 피해자와 합의가 되었다고 해서 그에게 면죄부가 되는 것은 아니니 그냥 본인이 하고 싶은 대로 하면 된다. 합의금을 받아 피해회복에 사용하고 싶다면 그렇게 하면 되고, 탄원서를 써 주고 싶으면 써 주면 된다. 반대로 합의를 하고 싶지 않으면 그냥 안 하면 되는 거고, 처벌불원서나 탄원서를 써 주기 싫으면 안 써 주면 된다. 판결은 판사가 피고인의 모든 면을 살펴 내리는 것으로 그것에 피해자가 책임감을 느끼거나 부담을 가질 필요는 전혀 없다.

◆ 직장 내 성희롱 피해자 회사 상대 손해배상

피고 회사 소속의 직장 내 성희롱 피해 근로자인 원고는 ① 직장 내 성희롱 사건의 조사참여자의 발언, ② 원고에 대한 업무배치통보, ③ 원고에 대한 견책처분, ④ 원고에 대한 직무정지와 대기발령, ⑤ 원고를 도와준 동료 근로자에 대한 정직처분과 관련하여 남녀고용평등법상 불리한 조치를 하였다는 이유로 피고 회사를 상대로 손해배상을 청구하였다.

사업주가 직장 내 성희롱과 관련하여 피해를 입은 근로자 또는 성희롱 피해 발생을 주장하는 근로자(이하 '피해근로자 등'이라 한다) 등에게 해고나 그 밖의 불리한 조치를 한 경우에는 남녀고용평등법 제14조 제2항을 위반한 것으로서 민법 제750조의 불법행위가 성립한다.

그러나 사업주의 피해근로자 등에 대한 조치가 직장 내 성희롱 피해나 그와 관련된 문제 제기와 무관하다면 위 제14조 제2항을 위반한 것이 아니다. 또한 사업주의 조치가 직장 내 성희롱과 별도의 정당한 사유가 있는 경우에도 위 조항 위반으로 볼 수 없다.

사업주의 조치가 피해근로자 등에 대한 불리한 조치로서 위법한 것인지 여부는 불리한 조치가 직장 내 성희롱에 대한 문제 제기 등과 근접한 시기에 있었는지, 불리한 조치를 한 경위와 과정, 불리한 조치를 하면서 사업주가 내세운 사유가 피해근로자 등의 문제 제기 이전부터 존재하였던 것인지, 피해근로자 등의 행위로 인한 타인의 권리나 이익 침해 정도와 불리한 조치로 피해근로자 등이 입은 불이익 정도, 불리한 조치가 종전 관행이나 동종 사안과 비교하여 이례적이거나 차별적인 취급인지 여부, 불리한 조치에 대하여 피해근로자 등이 구제신청 등을 한 경우에는 그 경과 등을 종합적으로 고려하여 판단해야 한다. 직장 내 성희롱으로 인한 분쟁이 발생한 경우에 피해근로자 등에 대한 불리한 조치가 성희롱과 관련성이 없거나 정당한 사유가 있다는 점에 대하여 사업주가 증명하여야 한다.

사업주가 피해근로자 등을 가까이에서 도와준 동료 근로자에게 불리한 조치를 한 경우에 그 조치의 내용이 부당하고 그로 말미암아 피해근로자 등에게 정신적 고통을 입혔다면, 피해근로자 등은 불리한 조치의 직접 상대방이 아니더라도 사업주에게 민법 제750

조에 따라 불법행위책임을 물을 수 있다.

사업주는 직장 내 성희롱 발생 시 남녀고용평등법령에 따라 신속하고 적절한 근로환경 개선책을 실시하고, 피해근로자 등이 후속 피해를 입지 않도록 적정한 근로여건을 조성하여 근로자의 인격을 존중하고 보호할 의무가 있다. 그런데도 사업주가 피해근로자 등을 도와준 동료 근로자에게 부당한 징계처분 등을 하였다면, 특별한 사정이 없는 한 사업주가 피해근로자 등에 대한 보호의무를 위반한 것으로 볼 수 있다. 피해근로자 등을 도와준 동료 근로자에 대한 징계처분 등으로 말미암아 피해근로자 등에게 손해가 발생한 경우 이러한 손해는 특별한 사정으로 인한 손해에 해당한다.

따라서 사업주는 민법 제763조, 제393조에 따라 이러한 손해를 알았거나 알 수 있었을 경우에 한하여 손해배상책임이 있다고 보아야 한다. 이때 예견가능성이 있는지 여부는 사업주가 도움을 준 동료 근로자에 대한 징계처분 등을 한 경위와 동기, 피해근로자 등이 성희롱 피해에 대한 이의제기나 권리를 구제받기 위한 행위를 한 시점과 사업주가 징계처분 등을 한 시점 사이의 근접성, 사업주의 행위로 피해근로자 등에게 발생할 것으로 예견되는 불이익 등 여러 사정을 고려하여 판단하여야 한다. 특히 사업주가 피해근로자 등의 권리 행사에 도움을 준 근로자가 누구인지 알게 된 직후 도움을 준 근로자에게 정당한 사유 없이 차별적으로 부당한 징계처분 등을 하는 경우에는, 그로 말미암아 피해근로자 등에게도 정신적 고통이 발생하리라는 사정을 예견할 수 있다고 볼 여지가 크다.

직장 내 성희롱 사건에 대한 조사가 진행되는 경우 조사참여자는 특별한 사정이 없는 한 비밀을 엄격하게 지키고 공정성을 잃지 않아야 한다는 것은 원칙이다. 따라서 조사참여자가 직장 내 성희롱 사건을 조사하면서 알게 된 비밀을 누설하거나 가해자와 피해자의 사회적 가치나 평가를 침해할 수 있는 언동을 공공연하게 하는 것은 위법한 것으로 판단된다. 위와 같은 언동으로 말미암아 피해근로자 등에게 추가적인 2차 피해가 발생할 수 있고, 이는 결국 피해근로자 등으로 하여금 직장 내 성희롱을 신고하는 것조차 단념하도록 할 수 있기 때문에, 사용자는 조사참여자에게 위와 같은 의무를 준수하도록 하여야 한다.

결국 이 사건에 대해 대법원은 피고 회사에 대해 ① 조사참여자의 발언, ② 원고에 대한 업무배치 통보 관련 각 사용자책임을 일부 인정하고, ③ 원고에 대한 견책처분은 정당한 사유에 근거한 것이라고 보기 어렵고, ④ 원고에 대한 직무정지와 대기발령은 그 필요성을 인정하기 어려우며, ⑤ 원고를 도와준 근로자에 대한 정직처분은 원고에 대한 인격적 이익을 침해하거나 원고에 대한 보호의무를 위반한 것으로서 피고는 원고가 입은 손해를 알았거나 알 수 있었다고 볼 여지가 있다고 판단하여 원고의 손해배상 청구를 인용하였다.

3.

여러 가지 피해배상 방법

성범죄는 참 어렵고 복잡하다. 문명국가에서 배상은 돈으로 하는 것인데, 이게 성범죄에서는 이상한 논리로 접근을 하기 때문이다. 예를 들어 가해자가 합의금을 제시하며 합의의사를 표하면 돈으로 사건을 해결하려고 한다고 피해자가 화를 낸다. 물론 합의하자는 말을 안 하면 반성도 안 한다며 화를 낸다. 반면에 피해자가 더 이상 사건 진행이 힘드니 합의를 하자고 가해자 측에 연락을 하면 가해자 측은 "역시 꽃뱀이었다."라며 "돈 뜯어내려고 나를 성범죄자로 몰고 있다."라며 무고를 주장하기도 한다.

최근 사회를 달구었던 연예인 성범죄 사건에 대해서도 피해자가 합의를 해서 선처를 사건에서는 피해자를 비난하는 댓글이 달리고, 피해자가 끝까지 합의를 안 한 사건에서는 피해자를 지지하는 댓글이 달리는 것을 보며 참 희한하다는 생각을 지울 수가 없었다. 피해를 당했는데 배상을 받으면 비난을 받다니 도무지 이해할 수 없다.

만약 교통사고가 났다고 치자. 그러한 경우 배상은 돈으로 한다. 폭행 사건도 마찬가지고 살인 사건이라고 하더라도 마찬가지이다. 피해를 받았다면 가해자 측은 당연히 배상액을 제시하며 합의를 요청하게 되는 것이고, 피해자 역시 가해자에게 합의 의사가 있는 경우 배상액을 요구할 수 있는 것이다. 그런데 성범죄의 경우에만 돈 얘기 꺼내는 게 그렇게 어려울 수가 없다.

범죄의 피해자는 당당하게 배상을 요구할 수 있다. 성범죄라 하더라도 예외일 수 없다. 그러니 가해자에게 돈 얘기를 하며 절대로 주저하지 마시라.

피해배상은 크게 가해자 측이 지급하여 받는 것과 피해자 측이 요구를 하여 받는 것으로 나눌 수 있다. 가해자 측이 자발적으로 지급하는 것은 합의와 공탁으로 나눌 수 있고, 피해자 측이 요구하여 받는 것은 배상명령신청, 민사소송으로 나눌 수 있으니 하나하나 차근차근 살펴보자.

합의는 가해자와 피해자가 만나 당사자 간에 계약으로 하는 방법이 있고, 검찰단계에서 형사조정절차로 진행하는 방법이 있다. 전자의 합의는 흔히 알고 있는 그 합의를 말한다. 이러한 합의의 경우 당사자 간의 계약이다 보니 법적인 내용만이 담긴 판결문과 달리 합의서에 당사자가 적고 싶은 내용을 편하게 적어서 완성하는 것이 가능하다. 피해자 대리를 할 때 의뢰인이 요구했던 몇 가지 합의사항이 있었는데 특이한 내용이 있어서 기억이 난다. 직장 동료 간의 추행사건이었는데, 그것은 '가해자는 즉시 퇴사한다. 그리고 앞으로 피해자와 같은 직장에서 만나게 되는 경우 평생 동안 피해자를 피해 다른 회사로 이직해야 한다.'라는 내용이었다. 사실 법을 하는 사람으로서 말이 안 되는 요구사항이라고 생각되기도 하다. 헌법은 직업의 자유를 보장하고 있기 때문에 설령 가해자가 이러한 내용을 이행하지 않는다고 해서 법적 제재를 받을 것으로 보이지는 않기 때문이다. 그럼에도 합의서에는 이러한 내용을 적는 경우가 적지 않다. 평생 피해자가 거주하는 어느 도시에서 살아서는 안 된다거나 위반하는 경우 배상을 해야 된다는 내용과 같은 것 말이다. 그런데 과연 이러한 내용을 위반하였다고 하여 추후 법적으로 다투었을 때 해당 합의문 내용에 효력이 있을지는 잘 모르겠으나 어찌되었든 피해자와 가해자는 합의서에 자신들이 원하는 내용을 상대방이 동의만 한다면 얼마든지 작성할 수 있다.

합의의 방법 중에는 형사조정이라는 절차가 있는데 이 절차는 법률가가 아니라면 생소하게 들릴 것이다. 형사조정은 사건이 검찰단계에 있을 때 쌍방의 동의로 진행이 되는 절차이다. 간단하게 설명하면 이렇다. 피의자 측이 주임검사에게 먼저 합의하고 싶으니 조정절차에 회부해 달라는 취지로 이야기한다. 그러면 주임검사는 피해자에게 조정할 생각이 있는지를 묻는다. 이때 피해자가 조정의사가 있다고 하면 해당 사건은 조정사건으로 바뀌게 되고 조정기일이 잡힌다. 조정기일에는 조정위원이 자리를 하게 되며 피해자와 피의자가 만나 합의 내용에 관한 이야기를 나눌 수 있다. 이때 피해자나 피의자는 대리인과 함께 출석할 수도 있고 대리인만 출석시킬 수도 있다.

형사조정에서는 각각 상대방이 퇴실한 상태에서 조정위원과 이야기를 나누기도 한다. 이때 피의자와 피해자는 각자 자신이 원하는 사항에 대해 조정위원에게 이야기를 하고, 조정위원은 모두가 참석한 상황에서 합의에 대한 사항을 조율하기도 한다. 직접 당사자와 대화를 하는 경우 감정이 상하거나 객관적으로 받아들여지기 어려운 주장을 관철하는 경우가 적지 않은데, 조정위원을 통해 이야기를 하다 보면 조정위원이 상대방의 말을 정리해서 전달할 수도 있고, 일방이 무리한 주장을 하면 이에 대해 객관적인 입장에서 설명하는 역할을 한다. 이렇듯 당사자끼리 합의하는 것보다 원만히 타협점을 찾아 합의를 하는 데 도움을 받을 수 있다. 그리고 당사자끼리 합의를 하는 경우 합의서를 작성하여 수사기관에 제출하는 절차가 필요한데, 형사조정으로 성립하는 경우 합의 내용이 조정조서의 형태로 남기 때문에 추가적으로 합의서를 작성해야 하는 번거로움이 없다는 장점도 있다.

피고인이 합의를 원하는데 피해자가 합의에 동의하지 않거나 피해자와 합의금에 큰 차이가 있는 경우, 피고인은 법원에 합의금을 공탁을 하겠다고 요청할 수 있다. 공탁이란 합의와는 다른 절차로 공탁소에 피해자 명의로 배상금을 맡기는 것이다. 만약 피해자 명의로 공탁이 된다면 그 금액은 피해자만 찾아갈 수 있으며, 피해자가 찾아가지 않는다고 하여 가해자가 다시 찾아가거나 할 수는 없다. 따라서 피해자가 합의를 하지 않는 경우 가해자가 금전적인 배상을 하는 방법은 공탁뿐이다.

그러나 성범죄의 경우 공탁이 이뤄지는 일은 거의 없다. 그 이유는 가해자가 공탁을 하기 위해서는 피해자의 동의를 얻어야 하기 때문이다. 피해자가 합의를 하지 않는 이유는 크게 두 가지이다. 하나는 '선처해 주고 싶지 않다. 용서해 주고 싶지 않다.'라는 것이고, 다른 하나는 '가해자로부터 돈을 받고 싶지 않다.'라는 것이다. 따라서 피해자와 합의가 성립되지 못하는 상황에서 가해자가 피해자에게 '공탁이라도 하게 해 달라.'라고 요청을 한다고 동의를 해줄 피해자는 거의 없다.

합의를 해 주고 싶지 않거나, 내가 원하는 합의금을 다 받지도 못했는데, 가해자가 선처를 받을 수 있는 공탁에 동의해 주고 싶은 피해자는 없을 것이다. 더욱이 피해자가 공탁에 동의를 하는 경우 가해자 측은 피해자의 주민등록초본을 발급받아 공탁을 할 수 있는데 이 과정에서 가해자 측은 피해자의 주민등록번호 및 주민등록상 주소와 같은 개인정보를 확인할 수 있다. 그러므로 피해자 입장에서는 공탁을 꺼릴 수밖에 없다. 그래서 단순하게 '성범죄에서 공탁은 없다.'라고 상담을 많이 하고 있다.

성범죄를 포함한 몇 가지 범죄들의 경우 수사가 끝나고 재판이 진행되는 경우 피고인을 상대로 배상명령을 신청할 수 있다. 고소한 사건이 기소되어 공판단계로 넘어가게 되면 피해자는 해당 재판부에 배상명령신청서를 작성하여 제출하면 되는데, 기소된 사건의 법원 사건번호, 신청인 이름, 피고인 이름을 적은 후 배상을 청구하는 금액을 명시하고, 배상의 대상과 그 내용을 자세히 적으면 된다.

한편 배상명령 제도의 취지는 형사상 피해자가 형사재판과정에서 민사재판 등 다른 절차를 통하지 않고 간편하게 피해회복을 받도록 하기 위함이다. 피해회복을 받기 위해서는 원칙적으로 민사재판에서 적극적 손해액, 소극적 손해액을 산정하고 정신적 손해액까지 살펴야 하는 것인데, 피해자가 피해회복을 받는 데 어려움과 시간을 덜 수 있도록 피해자를 배려하기 위하여 형사재판에서 쉽게 해결할 수 있는 부분은 해결해 주고자 하는 것이다. 따라서 배상명령은 통상 금전적 손해가 발생한 사기 범죄 같은 경우에 주로 신청이 이루어지고 해당 범죄수익금(피해액)이 특정되는 범죄 특성상 해당 금액이 배상명령이 받아들여지는 것이다. 그러므로 성범죄 사건에서 치료금액을 영수증을 첨부하여 배상명령을 신청하는 것과 같이 객관적으로 손해금액을 입정하는 경우에는 배상명령 신청이 받아들여질 수 있으나, 통상 피해자들이 배상받기 원하는 정신적 피해금액(위자료)까지 신청하는 경우 배상명령은 받아들여지지 않는다.

결국 성범죄 피해자도 고소한 사건이 재판단계로 넘어가 재판이 진행 중인 경우 해당 재판부에 피해금액의 배상을 명하는 배상명령을 신청할 수는 있으나, 성범죄 피해의 특성상 정신적 손해액을 입정하기 어렵기 때문에 이를 청구하는 경우 배상명령이 받아들여지기는 쉽지 않다.

형사절차에서 피해회복을 받지 않은 경우 피해자는 가해자의 불법행위를 이유로 손해를 받았다며 손해배상을 청구하는 민사소송을 제기할 수 있다. (간혹 공탁을 받은 경우에도 피해회복을 받기 위해서 민사소송을 따로 제기하는 경우도 있는데, 이러한 경우 민사 사건의 재판부는 피해자에게 인정되는 손해액에서 공탁금액을 제외하고 판결을 내린다. 다시 말해, 피해금액을 중복해서 받을 수는 없다는 의미이다. 따라서 공탁을 받은 경우라면 손해액이 공탁액을 초과하는 경우에 한하여 민사소송을 제기하는 것이 바람직하다.) 민사소송을 하는 경우 가해자의 주소를 정확히 알아내어 소장 부본을 송달하여야 하는 번거로움이 있으며, 절차진행이 느리다는 단점도 있다. 그리고 위에서 자세히 설명했던 것처럼 판결로 손해배상액이 인정된다 하더라도 가해자가 자발적으로 지급하지 않거나, 가해자에게 재산이 없어 강제집행이 불가능한 경우, 민사소송에서 승소해 놓고도 실제로 배상액을 한 푼도 받지 못하는 일이 발생할 수도 있다.

따라서 성범죄 피해자가 피해회복을 받을 수 있는 가장 간편하고 좋은 방법은 형사절차 진행 과정에서 합의를 하거나 조정절차에 응하는 것이다. 물론 이러한 절차는 가해자에게 선처를 베푸는 의미이기도 하나, 합의를 한다고 해서 가해자의 죄가 없어지는 것도 아니고, 합의를 하더라도 해당 가해자에게 전과가 있는 등 사정이 있다면 강한 처벌을 피할 수 없는 경우도 많다. 그러므로 피해회복을 받고 싶다면, 가해자에게 선처하고픈 마음이 추호도 없는 경우가 아니라면 합의를 하는 것이 피해자를 위해서도 가장 좋은 방법이라고 생각한다.

흔히 성범죄는 '남 vs 여' 구도의 젠더갈등으로 비치곤 한다. 그러나 남녀 간에 발생하는 것만큼 빈번하지는 않지만, 동성 간의 성범죄도 적지 않게 일어나고 있다.

최근 대법원은 **"비록 피고인과 피해자가 모두 여성으로서 동성인 점을 고려하더라도 피고인이 이 사건 한의원에서 피해자의 가슴을 움켜쥐거나 엉덩이를 만지고 피고인의 볼을 피해자의 볼에 가져다 대는 등의 행동을 한 것은 피해자로 하여금 성적 수치심을 느끼게 할 만한 행위를 한 것으로 추행을 인정할 수 있다."**라며 여성이 여성의 신체에 접촉한 것을 강제추행으로 인정하였다.[15]

그러면서 대법원은 **"피해자의 진술 내용이 일관되고 구체적일 뿐만 아니라 모순점이 없는 등 그 신빙성이 있음을 전제로, ① 피고인은 한의원 업종에서 7년가량 근무한 경력이 있고 이 사건 한의원의 '실장' 직책에 있었으며 피해자보다 나이가 6살 더 많았는바, 이 사건 한의원의 간호조무사인 피해자는 한의원 내 권력관계상 이 사건 범행에도 불구하고 불쾌감을**

---

15   대법원 2021도6112 판결 참조.

숨기고 피고인과 원만한 관계를 유지하기 위해 노력할 수밖에 없었을 것으로 보이는 점, ② 피해자는 피고인에게 보낸 문자메시지에서 피고인의 신체접촉에 대해 거부의사를 밝힌 바 있고, 이 사건 한의원의 총괄실장과 원장에게 피해사실을 호소하기도 한 점, ③ 이 사건 한의원에 설치된 CCTV 영상에 의하면, 피고인이 불필요하고 과도하게 피해자의 신체에 밀착하려는 행동을 하고 그때마다 피해자가 반사적으로 얼굴을 돌리거나 몸을 뒤로 빼는 등 피고인의 신체접촉을 피하려는 태도를 보인 점 등에 비추어 보면, **추행이 성립한다.**"라고 설명하였다.

여기서 주목할 점은 가해자와 피해자의 지위, 사내 위치 및 경력, 그리고 나이 등에 대해서도 살펴보았다는 점이다. 성범죄를 상담하며 가해자와 피해자의 나이, 서로 어떻게 알게 된 사이인지 등을 제일 먼저 물어보게 되는데, 그 이유는 법원에서 이러한 점을 모두 살펴 유무죄를 판단하기 때문이다. 이는 동성 간이든 이성 간이든 무관하다.

이렇듯 성범죄는 젠더갈등으로 비추어져서는 안 된다. 이는 본질을 흐리는 주장에 불과하다. 그러니 설령 내가 동성인 자로부터 추행을 당하는 등의 성범죄 피해를 당하였다면 주저하지 말고 피해 사실을 신고할 수 있어야 한다. 이 점을 명심하면 좋겠다.

4.

불송치·혐의없음 이의절차

2021년부터 검경수사권조정으로 성범죄 사건은 모두 경찰서에 고소를 해야 한다. 예전에는 검찰에 직고소 형태로도 고소를 할 수 있었으나, 이제는 무조건 경찰서에 고소를 해야 하도록 바뀐 것이다. 경찰은 피의자의 혐의에 대해 수사를 하고 혐의가 인정된다고 판단하면 검찰에 사건을 송치한다. 그런데 피의자에게 혐의가 없다고 판단하는 경우, 다시 말해 피의자가 죄를 저지른 것으로 보기 어렵다고 판단하는 경우, 경찰은 해당 사건에 대해 불송치 결정을 하는 것이다.

피해자가 고소를 하자마자 사건이 금방 끝나 버리는 것이다. 고민 끝에 고소를 하고, 경찰에 출석해 진술도 하고, 관련 자료 제출까지 했는데, 경찰이 검찰에 사건을 보내지도 않고 그대로 사건을 종결해 버린다면 피해자 입장에서는 답답할 수밖에 없을 것이다. 이런 경우 고소인이 불송치 결정에 불복하는 절차가 바로 '이의신청'이다. 따라서 고소인은 불송치 결정이 위법하거나 부당하다고 생각되는 경우 해당 경찰서의 장에게 이의신청을 하면 된다. 이때 이의신청에는 특별히 기한이 없기는 하나, 이에 대해서는 개정이 될 가능성이 높다. 따라서 기왕 불송치 결정이 난 것을 알았고, 이의를 하고 싶다면 최대한 빨리 이의신청을 하는 것이 바람직할 것이다. 그러면 해당 사건 기록이 검사에게 송부되어, 검사는 해당 기록을 통해 피의자의 혐의가 인정되지 않는지 여부에 대해 다시 한번 판단한다.

만약 사건이 검찰로 넘어갔는데, 검사가 피의자의 혐의가 인정되지 않는다거나 죄가 되지 않는다는 등의 이유로 불기소처분을 한 경우 고소인은 마찬가지로 억울할 것이다. 이러한 경우 고소인은 사건을 다시 한번 살펴봐 달라는 취지로 '항고'를 할 수 있다. 고소인이 항고를 하기 위해서는 불기소처분의 통지를 받은 날로부터 30일 이내 불기소처분을 한 검사가 속한 검찰청에 항고장을 제출하면 된다. 고소인의 항고가 이유가 있다면 해당 불기소사건은 재기수사를 하게 되는데, 사실상 항고가 받아들여지는 경우는 흔치 않다.

만약 항고가 받아들여지지 않았다면 고소인은 다시 불복할 수 있는데, 이는 '재정신청'이라고 한다. 재정신청은 고소인이 검사의 불기소처분에 불복하여 법원에 사건의 공소제기 여부를 결정하는 제도이다. 검찰에서 두 번이나 고소한 사건이 불기소라고 판단을 했으니, 이번에는 법원에서 판단해 달라고 하는 것이다. 재정신청을 하기 위해서 고소인은 항고기각결정의 통지를 받은 날로부터 10일 이내에 지방검찰청 검사장 또는 지청장에게 재정신청서를 제출해야 한다.

절차에 대한 설명이 복잡하기는 하나, 내가 고소한 사건에 대해 죄가 인정되지 않는 결정이나 처분이 내려졌다고 하더라도 이의를 할 수 있다. 그리고 이러한 이의제기 방법에는 기본적으로 해당 처분이나 결정의 통지를 받아 이러한 사실을 알게 된 날로부터 일정기간 동안만 신청이 가능하도록 기한이 정해져 있으니 최대한 빨리 이의를 하는 것도 좋은 방법이다. 이때 고소인에게 통지를 해 주지 않는 경우들도 많으니, 사건이 어떻게 진행되고 있는지 담당 수사관이나 검사실에 문의하여 확인하거나 사건 진행상황에 대해 안내를 해 달라고 미리 요청을 해 두는 것도 바람직하다.

성범죄는 객관적인 증거가 부족한 경우가 많다 보니 피해자 입장에서는 고소를 하면서 무고가 성립하지는 않는지에 대해 걱정을 하기도 한다. 사건이 오래전 일이라거나 이후 한 번 화해를 하고 잘 지내다가 새삼 다시 지난 일을 고소하려고 생각하는 경우에는 혹시 무고가 되지는 않는지 정식으로 문의를 하기도 한다.

무고죄는 타인으로 하여금 형사처분 또는 징계처분을 받게 할 목적으로 공무소 또는 공무원에게 허위의 사실을 신고한 자를 처벌하는 것으로, 10년 이하의 징역 또는 1,500만 원 이하의 벌금에 처하도록 규정되어 있다. 여기에서 중요한 것은 '허위의 사실'을 신고해야 한다는 점이다.

최근에는 성범죄 혐의를 받게 되면 빠져나오기 힘들고 고소를 당한 사람에게 치명적인 피해를 입힐 수 있다는 점 때문에, 무고의 처벌 수위를 높여야 한다는 주장이 강하다. 이러한 취지를 반영하여 실제 초범인 경우라 하더라도 성범죄 무고가 인정되는 경우 징역형의 집행유예가 선고되었다는 판결이나 기사를 쉽게 접할 수 있다. 성범죄 무고를 높게 처벌하고 무고하는 자에 대해 관용을 베풀지 않아야, 진정한 피해자들을 보호할 수 있으므로 이는 매우 바람직한 변화이다.

만약 내가 고소한 사건이 혐의없음이나 무죄가 선고된다면 나는 무고가 되는 것일까? 그렇지 않다. 위에서도 언급했듯이 무고죄는 허위의 사실을 신고해야 하는 것으로, 있지도 않은 일을 거짓말로 지어내서 신고하는 것으로 인정되지 않는 한 무고죄는 성립하지 않는다.

수사기관이 혐의없음 처분을 내리거나 법원이 무죄 판결을 선고하는 것은 주로 피해자의 진술 이외에 뚜렷한 증거가 없기 때문이다. 따라서 이러한 처분이나 판결을 받았다고 해서 무조건 피해자의 고소가 허위라는 것은 아니다. 따라서 고소나 신고를 하면서 허위의 사실을 그 내용으로 삼지 않는다면 무고의 걱정은 하지 않아도 된다.

간혹 가해자가 혐의없음이나 무죄를 받은 경우에 고소인을 상대로 민사상 손해배상을 청구하는 경우가 있다. 고소인이 무고하여 자신을 형사 사건에 휘말리게 하여, 변호사 선임비는 물론 정신적으로도 큰 고통을 받았기 때문에 이러한 손해를 전부 배상하라고 하는 것이다.

대법원은 **"피고소인이 고소인이 고소한 피의사실로 수사의 대상이 되어 무혐의처분을 받았다고 하더라도 그 고소가 권리의 남용이라고 인정될 수 있는 정도의 고의 또는 중대한 과실에 의한 것이 아닌 이상, 고소인의 행위가 불법행위라고 단정할 수 없다."**라고 판시한 바 있다.[16]

다시 말해, 민사상 손해배상을 청구하려면 피고의 불법행위가 있어야 하는데, 원고가 무혐의 처분을 받았다는 사정만으로 피고의 고소가 불법행위라고 인정되는 것은 아니라는 것이다. 여기서 말하는 '고소인의 고소가 권리의 남용이 인정될 정도'란 허위의 사실로 신고를 하는 것과 같은 경우를 뜻한다. 따라서 무고가 인정될 정도가 아닌 한 민사상 손해배상도 인정되기는 어렵다.

신고나 고소의 내용이 허위인지 진실인지는 고소인이 제일 잘 알 것이다. 그러므로 허위의 사실로 신고를 하는 것이 아니라면 무고의 걱정은 하지 않아도 된다. 그리고 무고가 걱정되지 않는 사안이라면 민사상 손해배상이 인정될 걱정도 할 필요가 없다.

---

16 대법원 2006다46360 판결 등 참조.

다만 인정이 되지 않더라도 상대가 무고로 고소를 할 수도 있고, 손해배상을 청구할 수도 있다는 점은 이해하고 있으면 된다.

_ 성범죄 사건을 둘러싼 소회

최선을 다해 변호사가 할 수 있는 역할을 해 나가고 있다. 반드시 피해자 대리를 해야 정의라고 생각하지도 않고, 가해자 변호를 한다고 해서 악을 수호한다고 생각하지도 않는다. 피해자가 피해를 당했는데 인정받지 못하든, 죄를 짓지 않았는데 범죄 혐의가 있는 사람으로 몰리든 누구에게든 억울한 일은 발생할 수 있다. 그건 여성과 남성을 나누어 판단할 문제가 아니다. 남성이 피해자인 경우도 적지 않으며, 어떠한 남성이 가해자로 몰리게 되었을 때 이로 인한 피해는 그 남성의 가족인 여성 역시 받을 수 있는 것이기 때문이다. 세상을 너무 좁게만 보면 안 된다.

간혹 성범죄자를 변호하는 이력만으로도 비난을 받는 경우도 있다. 그런데 과연 모든 피해자가 옳고 모든 피고인은 그른가. 절대로 그렇지 않다. 간혹 피해자 측만 대리한다는 분들도 보는데 너무 편협한 생각이 아닌가 하는 느낌도 든다. 세상에 100%는 없다. 분명히 죄가 되는 경우라면 이를 받아들이도록 설득하는 게 변호인의 역할이고, 그의 행동에 잘못이 있다면 반성하고 사과하도록 하게 하는 것 역시 변호인의 일이며, 피해자에게 말 같지도 않은 변명을 하는 경우 중간에서 제지하는 것도 변호인의 일이다. 피해자의 피해를 최소화하기 위해 노력하는 것이다. 반면에 정말 억울하게 범죄자로 몰리는 경우 최선을 다해 무죄를 주장하기도 한다. 내가 가해자에게 가장 잘하는 말이 법적으로 죄가 되지 않는다 하더라도 도덕적으로 잘못된 것을 잘했다고 말하지 말라는 것인데, 사죄하고 배상을 하고도 법적으로 혐의없음 처분을 받기도 하니 이러한 중재 과정은 반드시 필요하다고 생각된다. 만약에 무조건 무죄를 주장하며 자기는 잘못한 게 없다고 주장하기만 했다면 피해자는 피해회복도 하나도 못 받은 채 고소한 사건이 혐의없음 처분을 받았다고 한다면 억울한 일만 생길 수 있기 때문이다.

어떠한 행위이든 그에 따른 책임을 져야 하고 정당한 대가를 치러야 하는 것이다. 그렇기 때문에 변호사가 필요하다. 변호인을 하는 경우 가해자에게 요술방망이를 휘둘러 무죄로 빼주는 게 아니라, 그 가해자가 법에 따라 정당한 처벌을 받도록 도와주는 것이고, 그 과정에서 피해자가 원하는 경우 피해회복을 받을 수 있도록 돕는다. 그리고 피해자 대리를 하는 경우 가해자 측이 피해자에게 원치 않는 연락을 하거나 괴롭히는 일이 발생하지 않도록 강하게 강의하고 검찰이나 법원에 이에 대한 상황을 지속적으로 전달하는 역할도 한다.

피해자 측과 가해자 측 모두를 위해 일해 본 사람이기 때문에 감정적으로 치우친 이야기가 아니라 객관적으로 정확한 사실을 안내할 수 있다. 글을 읽다 보면 내가 변호인으로 진행했던 사건에서 상대편인 피해자가 대응하는 걸 보면서 안타까움을 느끼며 저렇게 대응하지 마시라고 얘기하는 부분도 있을 것이고, 내가 직접 피해자 대리를 하면서 반드시 이것만은 다른 분들도 꼭 알아 두길 바라는 마음에서 얘기하는 부분도 있을 것이다.

성범죄 피해자에게는 형사상 많은 도움과 배려가 주어진다. 따라서 이러한 절차를 잘 이용하면 큰 도움이 된다. 성범죄 피해자가 여성인 경우 남성인 수사관에게 피해사실을 진술하게 되면 성적

수치심이나 고통 느낄 수도 있다는 점에 착안하여, 여성경찰관이 조사를 하거나 여성 경찰관의 입회하에 조사를 받을 수 있도록 하고 있다. 피해자의 신상이 공개되는 것을 방지하기 위해 익명으로 조사를 받고 재판을 받을 수도 있다. 그리고 피해자는 수사기관에서 최소한으로 조사를 실시하도록 하고 있다. 법정에서도 피해자를 증인으로 신문하는 것을 극도로 꺼리고 있으며, 피해자를 증인으로 부르는 경우 피고인에게는 강력한 처벌을 각오해야 하는 부담이 있다. 피해자를 증인으로 부르는 경우 가해자를 시야에서 가리도록 차단막(법원에서는 '차폐막'이라고 한다.)을 설치하는 작업도 진행된다. 이토록 형사 사건에서 성범죄 피해자는 철저히 보호를 받게 된다.

그리고 대법원은 피해자의 진술을 매우 높게 신뢰하고 있다. 피해자가 다른 사람들에게 자신이 성범죄를 당한 사실을 진술하는 것이 쉬운 일이 아니기 때문에 피해자의 진술은 사실에 반하는 구체적인 증거가 나오지 않는 한 사실로서 믿을 수 있다는 취지이다. 그렇기 때문에 주된 피해사실에 대한 진술에 일관성이 있으면 부수적인 사실에 대해 진술이 조금씩 달라진다고 하더라도 그 진술 전체의 신빙성을 함부로 배척해서는 안 된다는 것이다. 따라서 성범죄 사건에서 피해자는 판결의 측면에서 상당히 유리한 입장을 고수할 수 있다.

형사 사건에서 약자는 피고인이다. 그렇기 때문에 헌법은 피고인의 변호인 조력권을 보장하고 있다. 피의자는 구속이 되지 않는 한 국선변호인의 도움을 받을 수가 없지만, 성범죄 피해자는 첫 경찰 조사에서부터 사건이 마무리될 때까지 국선변호사의 도움을 무상으로 받을 수 있다. 성범죄 사건의 가해자로 지목되어 피의자의 신분이 되는 순간부터 유무죄 판단이 되기도 전에 직장에 압수수색이 들어올 수도 있고, 가족들이 보는 상황에서 체포될 수도 있다. 증거가 없이 대부분 진술로 다투게 되는 경우가 많고, 피해자의 진술에 신빙성을 강하게 두고 시작하다 보니 성범죄 피의자는 변호인의 도움 없이는 사건을 원만히 진행하기 어렵다. 수사기관도 피의자에게 유죄의 심증으로 사건을 수사하는 경우가 대부분이기 때문에 아무리 피의자의 인권이 보호된다고는 해도 상당한 압박감을 느끼며 사건에 임할 수밖에 없다.

이러한 연유로 대부분의 변호사는 피해자 대리보다는 피고인 변호 사건을 주로 담당하고 있으며, 나 또한 그렇다. 그리고 피해자 사선변호사 선임 문의를 받으면 "비용부담이 없는 경우가 아니라면 웬만해서는 국선변호사 도움을 받으시라."라고 안내하고 있다. 그럼에도 피해자 대리 사건은 늘 한두 건씩 있는 편이다. 거의 없을 뿐이지 전혀 없는 것은 아니다. 대부분 지인의 부탁을 받은 경우 피해자 대리 사건을 진행하고 있으며, 광고 등을 통해 수임하는 경우는 대부분 피의자 측 변호이다. 그렇다 보니 먼저 쓴 책도 형사 사건에 관한 것으로 피해자보다는 피의자가 보았을 때 도움이 될 만한 책인 것은 맞다. 사무실 성공사례도 대부분 혐의없음을 받았거나 합의해서 집행유예로 나온 경우들로 채워져 있다. 누군가를 강력히 처벌하려는 수사기관과 싸워서 그 정도 결과가 나오면 꽤나 선방했다고 생각하기 때문이다.

반면 최근에 받은 판결 중에는 내가 피해자 대리를 한 사건이 있는데 성공 사례로 쓰지는 않았다. 이 건은 고소를 한 후 고액에 합의까지 했는데 징역 5년의 실형이 나온 사건이다. 선고일에 피고인이 법정에서 소란을 피우며 억울하다고 소리를 지르기까지 했다는 소리를 직원을 통해 들었다. 여하튼 이런 사건은 내 입장에서 성공사례라고 하기엔 조금 애매하다. 굳이 따지자면 처벌해 달라고 고소한 사건에서 피고인이 강한 처벌을 받게 되었으니 성공은 맞을 것이다. 그러나 피해자가 합의를 하면서 진심으로 더 이상 처벌을 받길 원하지 않는다고 했는데도 그렇게 강한 처벌을 받게 되니 성범죄 고소가 참 무서운 거구나 새삼 느껴지기도 했다.

한편 누군가를 강력히 처벌했다는 건 결국 수사기관의 공이 가장 클 수밖에 없는 것이니까. 그게 꼭 고소 대리를 한 변호사의 성공인지는 확신이 서지 않는다. 물론 나는 그 사건에서 고소대리인으로 법정에 증인으로 출석하기도 하였고, 그간 수차례 피해자 측의 증거들을 정리하는 의견서를 제출하기도 하였지만 말이다. 스스로 누가 그 사건을 했어도 이만큼 열심히 할 수 있었을까 생각할정도로 열심히 했다. 그러나 내가 정작 누군가를 벌하는 직접적인 주체인 것은 아니고 누군가를 벌하였다는 게 성공인가 하는 묘한 의구심도 들어서이다. 잘된 일인 것과 성공은 묘하게 다른 느낌이기 때문이다.

피의자를 변호하는 것은 악을 수호하는 일인가? 간혹 가해자를 변호하는 변호사는 돈에 눈먼 부정의, 가해자의 엄벌을 요구하는 피해자 혹은 검사 측만이 정의인 것 같은 선입견을 갖는 모습을 보이는데, 이런 경우 참 씁쓸하다.

물론 무리하게 가해자를 변호하며 피해자에게 추가적인 고통을 주는 변호사들도 적지 않을 것으로 안다. 나도 피해자 대리를 하면서 같이 고통을 겪은 적도 몇 번인가 있기 때문이다. 그런데 가해자 측을 변호하는 것이 피해자를 위한 것이 될 수도 있다는 점을 잊어서는 안 된다. 예를 들자면, 변호인이 피해자가 입은 피해에 합당한 만큼의 피해회복을 받도록 도와줄 수도 있다. 실제로 내가 진행했던 사건 중에서는 피고인이 피해자와 합의할 생각이 없다는 것을 피해자와 합의를 하도록 설득한 적이 있고, 피해자의 피해회복에 타당한 합의금을 먼저 제시하여 피해자가 예상한 것보다 훨씬 더 높은 합의금으로 합의하도록 도운 적도 있다(이런 경우에도 당연히 피고인에게 사실대로 말하고 설득하는 절차도 진행한다). 기왕 합의하시는 것, 합의금 잘 받으시라고 돈 받는 것에 마음 불편해하지 마시라는 말도 한다. 때로는 피해자의 마음을 풀 수 있도록 내가 직접 편지를 써서 보내거나 하는 식으로 원만히 화해를 하도록 도운 적도 있다. 이렇듯 변호인은 무조건 피해자의 적이라고 생각해서는 안 된다. 피해자로부터 그리고 그 가족으로부터 고맙다는 인사를 여러 번 받아온 나 같은 변호인도 있기 때문이다. 그렇게 사건이 원만히 잘 끝나는 것이 피고인을 위해서도 좋다. 그런 경우 피고인도 나에게 고맙다고 하기 때문에 양쪽에 모두 잘된 것이다. 변호는 이렇게 해야 하는 것이라고 생각한다.

실제로 법적으로 죄가 되지 않는 경우에도, 도덕적으로 문제가 되는 행동을 한 경우라면 피해자에게 사과하고 합의를 하기도 한다. 혹은 합의 노력을 한다. 그러면 피해자는 사과를 받고 합의금을 받고 피의자는 혐의없음 처분을 받고 사건이 종결되니 서로에게 좋은 일이다. 죄가 되고 안 되고의 문제는 법적인 해석에 불과하다. 법은 세상만사를 모두 아우르지 못한다. 따라서 정말 잘못한 일이라면 사과하고 화해하는 것이 필요하다. 무조건 싸우기만 해서 해결되는 것은 아니다. 간혹 아무리 봐도 무죄일 수밖에 없는 사건에서 피해자에게 불편하게 한 부분에 대해 사과를 하고 합의를 하겠다고 이야기하자, 피해자가 무리하게 합의금을 주장한 사안이 있었다. 그렇게 하면 안 되는 것인데, 상황 파악을 못 하고 우리 쪽에서 사과를 하자 큰돈을 요구한 것이었다. 결국 우리는 합의를 못 했고, 주임검사는 우리에게 혐의없음 처분을 내렸다. 안타깝게도 그 사건의 고소인은 우리의 선의조차 받지 못했다. 아마 변호사의 도움을 받았으면 좀 다르지 않았을까 하는 안타까운 마음도 든다. 여하튼 나쁜 일이라고 해서 모두 범죄인 것은 아닌데 사람들은 그렇게 생각하지 못하는 경향이 분명히 있다.

그리고 분명히 존재하는 '가짜 피해자들' 때문에 진짜 피해자는 큰 고통을 받는다. 기사를 통해서도 무고 사건을 접하게 되고 내가 직접 변호했던 사건에서도 검사가 고소인을 바로 무고로 기소하는 일도 있었다. 이렇게 가짜 피해자들이 많다. 예를 들어 자신의 배우자가 아닌 사람과 성관계를 가진 후 이 일이 배우자에게 들통나자 자신은 강간을 당했을 뿐이라며 고소를 하는 일도 있다. 택시 운전사와 다툰 후 화가 나서 택시에서 강제추행을 당했다고 고소를 하고 경찰 조사를 받으며 가해자를 강력히 처벌해 달라고 목소리를 높이는 경우도 있다. 이렇듯 가짜 피해자들의 존재는 엄연한 사실이고 이러한 무고 범죄로 고소를 당한 상대방이 피해를 입는 것은 물론 여러 피해자까지 의심의 눈초리를 받게 되는 일이 발생하니 분노하지 않을 수 없다.

여하튼 지금 나는 성범죄 피해자를 위한 책을 쓰고 있다. 피해자는 국선변호사의 도움을 받을 수 있다고 안내하고 있으며, 가까운 분의 소개나 부탁이 아니면 피해자 대리를 잘 하지 않는다고 말하면서도 말이다. 내가 성범죄 피해자를 위한 책을 쓰는 이유는 화가 나서 그렇다. 사건을 진행하다 보면 피해자를 대리하는 변호사의 형태, 즉 사선변호사와 국선변호사들의 사건 처리 방식에 심각한 문제가 있다고 느껴 왔기 때문이다.

피해자 대리를 주로 하는 일부 사선변호사는 대부분 합의금 중에 일부를 변호사 보수를 받도록 계약을 하고 있어, 선고기일이 닥치면 하루가 멀다 하고 변호인에게 연락하여 '언제 합의를 할 것인지.' 채권추심하듯이 물어 오고, 국선변호사는 연락조차 안 되어 피해자 의사전달이 힘든 일이 너무 많고, 피해자도 조사 시 동석 등에 조력을 받기 어려움을 호소하는 경우도 적지 않다.

피해자 대리를 하는 변호사의 대부분은 피고인의 사건에 관심이 없다. 심지어 피고인이 유죄를 인정하는지 무죄를 주장하는지도 전혀 모른다. 최근에 전화 상담을 했었는데, 피해자가 국선변호사의 도움을 받고 있는데 합의 얘기를 하길래 (피해자)국선변호사에게 피고인이 죄를 인정하고 있다면 합의를 생각해 보겠다고 했더니, 그 변호사가 "인정하겠죠." 이런 식으로 대답하고 말았다는 것이다. 그 변호사는 한 차례도 피고인 재판에 출석한 적도 없었고, 피고인 측이 제출한 변호인의견서도 열람하거나 확인하지 않았다. 확인해 보니 그 사건에서 피고인은 무죄를 다투고 있었고, 피해자가 무고를 하고 있다고 주장하고 있었는데, (피해자)국선변호사는 그저 '(합의의사 있나 물어보는 걸 보면) 인정하는 거겠죠.'라는 식으로 무책임하게 얘기해 버린 것이었다. 사건을 그렇게 처리하면 안 되는 것 아닌가.

변호사가 확인되지도 않은 내용을 사실인 양 그렇게 의뢰인에게 전하면 안 되는 것이다. 그럼에도 내가 경험한 많은 피해자를 대리하는 변호사들은 이렇게 일을 하고 있었다. 물론 성실하게 일을 처리하는 변호사들도 많겠지만 적어도 내가 경험하였거나 내 주변에서 경험하였다는 많은 경우들을 분석해 보면 문제가 있는 대리인이 훨씬 많았다.

사선변호사인 경우에도 크게 다르지 않아서, 선고 직전에 변호인이 합의도 안 된 상황에서 왜 합의를 할 수 없는지에 대해 조목조목 설명한 변론요지서를 작성해서 내고 있는데 이런 내용은 법원에 가서 확인하기가 귀찮으니, 확인도 안 하고 변호인에게 연락해서 "언제 합의하실 겁니까."라고 묻기만 하고 있으니, 대체 피해자들이 제대로 된 도움을 받고 있는 것인지 의구심이 많이 들었기 때문이다.

물론 피해자 대리인의 경우 사건은 검사가 알아서 해 준다고 생각하여 수동적으로 사건에 응하기 쉽다는 것을 잘 알고 있다. 그럼에도 (피해자)국선변호사와 연락이 아예 되지 않는다거나 피해자 측에 서류를 전달하고도 전혀 전달이 되지 않는다거나 하는 문제는 쉽게 넘어가서는 안 될 일이라고 생각한다.

　그렇기 때문에 피해자가 굳이 많은 비용을 들여 사선변호사를 선임하지 않더라도 스스로 반드시 알아야 하는 최소한의 정보들을 안내하는 것이 필요하겠다는 생각에 책을 집필하게 되었다.

　어떠한 어려움이 와도 정신을 차리고 이겨내야 한다. 인생은 길고 생각지도 못한 역경이 주어진다. 전생에 내가 무슨 죄를 지었길래 나에게 이런 일이 생겼나 한탄해 봤자 달라지는 건 없다. 포기하거나 주저앉아서는 안 된다. 교통사고가 나서 크게 다치기도 하고 모함을 당하는 일도 생길 수 있다. 세상 사는 게 참 쉽지 않다. 부디 큰 고통을 겪고 상처가 난 피해자들에게 이 책이 작은 도움이라도 되길 간절히 바란다.

당신 탓이 아니다

ⓒ 채다은, 2022

초판 1쇄 발행 2022년 1월 20일

지은이   채다은
펴낸이   이기봉
편집   좋은땅 편집팀
펴낸곳   도서출판 좋은땅
주소   서울특별시 마포구 양화로12길 26 지월드빌딩 (서교동 395-7)
전화   02)374-8616~7
팩스   02)374-8614
이메일   gworldbook@naver.com
홈페이지 www.g-world.co.kr

ISBN   979-11-388-0566-7 (03360)